Robert Gernhardt

GLÜCK GLANZ RUHM

Erzählung Betrachtung
Bericht

Haffmans Verlag

Umschlag unter Verwendung
der Capitalis Monumentalis
und eines Boutari Naoussa

1.–4. Tausend, September 1983
5.–7. Tausend, Frühling 1986

Satz: LibroSatz, Kriftel
Druck: Ebner Ulm
ISBN 3 251 00064 0

Inhalt

GLÜCK

HAT DIE LITERATUR FOLGEN?

1

Ich hatte gar nicht die Absicht gehabt, das Buch zu kaufen, doch als ich dann den Stapel im Taschenbuchladen sah, dachte ich, es müßte doch hübsch sein, mal wieder »Fiesta« zu lesen. Das Buch hatte mich mal mächtig beeindruckt, doch da war ich vierzehn gewesen, und nun war ich fünfundvierzig und wußte gar nicht mehr, worum es in dem Buch eigentlich ging, außer, daß da einige tolle Leute zur Fiesta nach Pamplona fuhren und sehr viel feierten und tranken und daß da eine schöne Frau drin vorkam. Ich kaufte das Buch also, und es war noch immer das rororo-Taschenbuch Nummer 5, und ich las gerade im Impressum, daß es 1950 das erste Mal aufgelegt worden war und nun eine Auflage von 548 Tausend Stück erreicht hatte, da berührte jemand meinen Arm.

Es war Carola, eine Frau, der ich mal über den Weg gelaufen war, und als ich sie sah, fiel mir ein, daß Hemingway mal gesagt hatte, er sei jedesmal traurig, wenn er eine Frau sehe, mit der er mal geschlafen hatte, aber eigentlich war das gar nicht Hemingway gewesen, sondern eine Figur, die er sich ausgedacht hatte, in »Der Schnee vom Kilimandscharo«, und wahrscheinlich hatte er das mit der Traurigkeit auch erfunden.

»Na, das ist ja mal ein Zufall«, sagte Carola. »Was machst du denn hier?«

»Ich habe gerade ein Buch gekauft«, sagte ich und zeigte ihr »Fiesta«.

»Hemingway? Ich habe noch nie etwas von Hemingway gelesen.«

Sie war sechsundzwanzig Jahre alt und hielt ein Kinderbuch in der Hand.

»Dafür liest du wohl das da?« fragte ich.

»Nein, das ist für meine Schwester. Sie hat gerade ein Kind bekommen.«

»Reichlich früh für das Baby.«

»Das wird auch mal älter.«

Ich schaute Carola an, doch um ihre Augen standen keine Fältchen, und sie lachten auch nicht, die Augen meine ich.

»Ich muß weiter«, sagte ich.

»Ich komm mit raus«, sagte Carola.

Wir standen noch etwas vor der erleuchteten Buchhandlung und sahen den Leuten zu, die hineingingen und mit Büchern wieder herauskamen. Es war ein Tag vor Weihnachten, und da gingen die Leute in die Buchhandlungen, um Bücher zu kaufen.

»Wie geht denn dein Buch?« fragte Carola.

»Geht riesig. Verkauft sich wie warme Semmeln. Hast du schon mal warme Semmeln gekauft?«

»Nein. Gibts denn überhaupt noch warme Semmeln?«

»Nein«, sagte ich, »nur noch tiefgefrorene.«

»Wird schon werden«, sagte Carola, »ich muß los. Sieht man sich mal?«

Ich zuckte die Achseln, und sie küßte mich auf die Wange, und dann sah ich ihr nach, wie sie sich im Gedränge der Fußgängerzone verlor.

Noch am selben Abend fing ich an, »Fiesta« zu lesen, und ich hatte gleich eine Menge Spaß daran. Ich mochte die Figuren, die Hemingway sich ausgedacht hatte, den Juden Robert Cohn und den Journalisten Jake Barnes, und ich fand diese ganzen Pariser Bars und Restaurants toll und die Tatsache, daß sie alle beim Namen genannt wurden und kursiv gesetzt waren, das *Restaurant de l' Avenue* und das *Café de Versailles* und das *Foyot* und das *Napolitain* und all die anderen, wo man prima aß und nach dem Mokka noch mehrere *fines* oder *pernods* trank. Ich rechnete nach, daß Hemingway etwa fünfundzwanzig Jahre alt gewesen sein mußte, als er das Buch 1925 geschrieben hatte, und ich dachte, daß das ein Alter ist, in dem man noch mächtig stolz ist, wenn man weiß, was ein *fine* ist, und sich in Paris auskennt, besonders, wenn man aus Amerika kommt und für Amerikaner schreibt, die das alles nicht wissen und kennen.

Ich kam so ungefähr bis Seite 17 und las noch gerade, was *pernod* ist, »Pernod ist ein grüner Absinthersatz. Wenn man Wasser zugießt, wird er milchig. Er schmeckt wie Lakritzensaft«, und dann legte ich das Buch beiseite, weil ich zu müde war, um weiterzulesen, und löschte das Licht, noch bevor Almut von ihrem Malerinnentreff zurückgekommen war.

2

Am nächsten Tag fuhren wir mit den Katzen nach Göttingen zu meiner Mutter, um dort Weihnachten zu feiern. In Frankfurt war es naß und grau gewesen, doch je mehr wir uns Göttingen näherten, desto weißer wurde die Landschaft. Wir kamen noch vor Einbruch der Dunkelheit an, und meine Mutter kam im Küchenmantel aus der Haustür, und dann kamen meine Brüder und die Frauen meiner Brüder, und wir begrüßten uns alle und rechneten nach, wann wir das letzte Mal so vollzählig zusammengewesen waren. Wir kamen zu keinem Ergebnis, weil die Berechnungen so auseinanderlagen, und auch ich konnte mich nicht mehr erinnern, außer daran, daß ich nur zwei Mal in meinem Leben Weihnachten nicht zuhause gewesen war. Dann wurden wir alle zu Tisch gebeten, und es gab Gänsebraten und *Einbecker Pils* und wir stießen alle mit einem *Hardenberger Doppelkorn* an. Die Gans war erstklassig, sie ließ sich leicht zerteilen und war doch fest und fleischig, und wir aßen große Stücke, weil nach der ersten Gans noch eine zweite kam, und die war genau so gut, vielleicht sogar noch besser.

»War das nicht eine verdammt gute Gans?« fragte mein Bruder.

»Waren zwei verdammt gute Gänse«, sagte ich.

»Ist schon ein verdammt gutes Muttchen«, sagte mein anderer Bruder.

»Sagt das eurer Mutter doch auch mal«, sagte die Frau meines Bruders, und als meine Mutter aus der

Küche mit neuem Sauerkraut kam, sagten wir ihr: »Bist schon ein verdammt gutes Muttchen.«

Danach gab es noch Walnußeis, und dann wurden die Kerzen angezündet, und es war Bescherung, und ich bekam ein fabelhaftes Buch über Tibet, und wir hatten alle viel Spaß. Dann sahen wir uns im Fernsehen noch drei jüdische Geiger an. Sie spielten etwas von jemandem, dessen Namen ich vergessen habe, ich glaube, es war Vivaldi. Sie spielten fabelhaft zusammen, und wir fanden es alle großartig und wunderten uns nur, warum zwei Geiger standen und einer sitzen durfte, doch beim Schlußapplaus stand auch er auf, und da sahen wir, daß er sich auf Krücken stützen mußte.

Es war spät, als wir in die Zimmer gingen, und als ich im Bett lag, war ich zu müde, um noch in »Fiesta« zu lesen. Ich las nur noch den Text auf der Rückseite des Buches, und da stand, daß die Gestalten Hemingways als Außenseiter des bürgerlichen Lebens, in das der Tod sie wieder entließ, eine die nackten Freuden des Daseins suchende Existenz führen. Ich versuchte, mir die angezogenen Freuden der Innenseiter des bürgerlichen Lebens vorzustellen, aber es ging nicht, und als ich die Augen schloß, ging es immer noch nicht, und ich gab es schließlich auf.

3

Es war der erste Weihnachtsfeiertag, und als ich die *Kaffeemühle* betrat, saß Günner schon an der Theke und trank ein *Berliner Kindl.* Ich bestellte einen *Edelzwicker* und gab Günner das Buch, das ich ihm versprochen hatte.

»Das ist also dein Buch«, sagte er.

»Ist es.«

»Allzu dick ist es ja nicht.«

»Das liegt am dünnen Papier.«

»Hat wohl kein Geld, dein Verlag.«

»Dickes Papier wäre billiger gewesen.«

»Ach ja? Ist das so?«

»So ist es.«

Wir hatten uns ein Jahr lang nicht gesehen, aber ab einem bestimmten Alter scheint ein Jahr keine besonders lange Zeit mehr zu sein. Wir amüsierten uns jedenfalls glänzend und rollten die ganze Geschichte noch einmal auf, angefangen von der Aufnahmeprüfung in die Oberschule, wo wir wegen der im Alphabet aufeinanderfolgenden Anfangsbuchstaben unserer Nachnamen nebeneinander gesessen hatten, bis hin zum Weihnachtstreff im letzten Jahr.

»Wir hatten eine Menge Spaß, erinnerst du dich noch?« fragte ich.

»Du vielleicht. Ich nicht.«

»Komm! Du hast doch auch ganz schön was weggeschluckt.«

»Bei der Aufnahmeprüfung? Da gabs doch überhaupt nichts zu trinken!«

»Nein, vor einem Jahr.«

»Ach da! Da ja!«

Dann gingen wir zur Kurzen Geismar Straße und suchten nach einem Weinlokal, doch die Lokale waren wegen der Feiertage alle geschlossen, und schließlich landeten wir in der *Junkernschänke* und ließen uns zwei *Elsässer Riesling* bringen.

»Was hast du denn das ganze Jahr über erlebt?« fragte Günner.

»Ich? Jede Menge. Nein wenig. Ich glaube, nichts. Muß mit dieser verdammten Erlebnisfähigkeit zusammenhängen. Hab immer gedacht, daß die zunimmt. Nimmt sie aber nicht.«

»Was nimmt sie dann?«

»Ab, fürchte ich.«

»Und ob die abnimmt.«

»Dafür nehmen wir zu.«

»Na, du kannst doch nicht klagen.«

»Du doch auch nicht.«

»Und ob ich das kann. Möchte den sehen, der mir das Klagen verbietet.«

»Verbietet dir ja keiner.«

»Will ich auch keinem geraten haben.«

Wir bestellten noch zwei *Riesling*. Der Ober ließ sich Zeit, obwohl er außer uns niemanden zu bedienen hatte. Es war ein ziemlich leeres Lokal, wenn man mal von Günner und mir absah. Hätten wir nicht dringesessen, wäre es ganz leer gewesen.

»Was machst du denn gerade?« fragte Günner.

»Ich lese Hemingway«, sagte ich, »›Fiesta‹«.

»Ach, ›Fiesta‹!«

»Hast du es damals auch gelesen?«

»Klar. Haben wir doch alle gelesen damals. 53 oder 54. Prima Buch.«

»Ich habs schon 52 gelesen.«

»Ich wahrscheinlich auch. Klassebuch. Worum gehts da eigentlich?«

»Das wollte ich dich gerade fragen«, sagte ich.

»Ich denke, du liest das Buch.«

»Ich habs gerade erst angefangen.«

»Ach so. Ja, das ist doch diese Geschichte mit diesem impotenten Journalisten.«

»Der ist impotent?«

»Kriegsverletzung. Steht doch im Buch.«

»Bin noch nicht so weit.«

»Verdammt gutes Buch. Möchte es nicht noch mal lesen. Muß schlimm sein.«

»Halb so schlimm.«

Um zwölf schloß die *Junkernschänke*, und wir gingen zu *Heinz*, doch der hatte auch geschlossen, und so landeten wir bei Günner, der einen *Müller Thurgau* aus dem Kühlschrank holte und eingoß.

»Ich fürchte, der will nicht aus der Flasche«, sagte er.

»Sieht ziemlich vereist aus«, sagte ich.

»Hätte ihn vielleicht nicht ins Kühlfach legen sollen.«

»Wird schon auftaun.«

Wir warteten darauf, daß der Wein auftaute, und ich schaute mich in der Wohnung um. Es war die Wohnung von Günners Eltern, und an der Wand hing eine gemalte Dschunke, und rechts unter der Dschunke las ich das Wort Ahrens. Ahrens war mein erster Zeichenlehrer gewesen. Ich hatte ihn damals für einen fabelhaften Maler gehalten, doch die Dschunke war ein ziemlich jämmerliches Schiff, eigentlich mehr eine Tuschezeichnung.

»Klassebild«, sagte Günner.

»Man muß sich nur das Schiff wegdenken«, sagte ich.

»Denks mir schon die ganze Zeit weg, doch wenn ich hingucke, ist es wieder da.«

»Was macht denn eigentlich dein Schiff?« fragte ich.

»Hab ich schon lange nicht mehr.«

»Dieses Schiff da wird uns alle überdauern«, sagte ich. »Kunst meint Dauer.«

»Dauers Meinungen können mir verdammt gestohlen bleiben.«

»War nicht so gemeint, alter Junge.«

»Schon gut. Bist ein feiner Kerl.«

Dann sprachen wir noch über Bennecke die Panzersau und darüber, was aus ihm geworden war und ob er noch immer zur See fuhr. Mein Taxi kam, und wir traten vor das Haus und umarmten uns.

»War ein prima Abend. Hab schon lange nicht mehr so viel Spaß gehabt«, sagte Günner. »Eigentlich seit der Aufnahmeprüfung nicht mehr.«

»Wir hätten sie nur nicht bestehen dürfen«, sagte ich.

»Stimmt, das war unser Fehler. Jetzt sitzen wir in der Falle.«

»Sie ist schon teuflisch schlau.«

»Wer?«

»Die Gesellschaft. Duldet keine Außenseiter. Krallt sich bereits die Zehnjährigen. Müßte eigentlich verboten werden.«

Der Taxifahrer klopfte an die Scheibe.

»Auf Wiedersehn, alter Kerl«, sagte Günner.

»Auf Wiedersehn, mein Junge.«

Als ich nach Hause kam, war ich noch so aufgekratzt, daß ich noch etwas in »Fiesta« las. Auf Seite 21 trat Brett auf, und auf Seite 32 wußte ich wieder alles: daß Brett wunderschön war und in Jake verliebt und er in sie, und daß beide schrecklich unglücklich waren, weil sie nicht miteinander schlafen konnten, all das. Ich wunderte mich, daß ich das alles so vollständig vergessen hatte, aber man kann wohl nicht alles behalten, und vielleicht ist das auch besser so.

4

Den zweiten Weihnachtsfeiertag über tat ich nichts und kam mit dem Buch gut voran. Es ging gleich großartig los, mit dem fünften Kapitel und dem Satz »Am anderen Morgen ging ich den Boulevard hinunter in die Rue Soufflot, um Kaffee und Brioches zu frühstücken«, und kurz darauf ging man schon zu *Wetzel*, »Man kriegt dort gute Hors d' œuvres«, und dann gings ins *Café de la Paix* zum Kaffee und abends gings zum Montparnasse, »Das Auto hielt genau vor der *Rotonde*. Ganz gleich, welches Café auf Montparnasse man dem Taxifahrer immer nennt, er fährt einen zur

Rotonde«, doch Jake ging lieber »hinüber ins *Select*« und dann später noch ins *Dôme* und in die *Lilas* und zu *Cavaigne* und zu *Zelli*, und die ganze Zeit über traf er andere Außenseiter der Gesellschaft und führte mit ihnen diese verdammt coolen Gespräche, bei denen keiner sagt, was er fühlt, sondern immer das Gegenteil, und wenn sie dann auch noch ständig die Personalpronomina verschluckten und »Hör mal Brett, wollen früh nach Hause gehen« sagten oder auf die Frage »Wo hast du den Hut her« mit »Freund gekauft« antworteten, dann konnte einem das manchmal schon ganz schön auf die Nerven gehen. Aber vielleicht war daran auch Annemarie Horschitz-Horst schuld, die Übersetzerin, die einen »drummer« mit »Trommler« übersetzte und von Buchen behauptete, »Ihre Wurzeln bäumten sich über den Boden«, und die den Forellen angelnden Jake sagen ließ »In kurzem hatte ich sechs«. Denn mittlerweile waren Jake und der Schriftsteller Bill schon in Spanien, und bald würde die Fiesta in Pamplona losgehen, und dann wollten sie sich alle wieder treffen, Jake und Bill und Robert und Mike und natürlich Brett, die mir immer besser gefiel wegen der Fältchen um die Augen und weil sie so schön und burschikos und unglücklich war, obwohl sie jeden Mann kriegen konnte, den sie haben wollte. Sie wollte aber nur Jake haben, und wenn der sie küßte, dann zitterte sie. Auch das hatte ich vergessen, aber nun erinnerte ich mich wieder, und ich erinnerte mich auch an andere Sätze aus anderen Büchern Hemingways, zum Beispiel an »Ich tauschte sie ein gegen eine scharfe armenische Nutte«, und daran, daß die »kein Kissen unter dem Hintern« gebraucht hatte, als sie miteinander schliefen, oder daran, wie die Alte das Liebespaar aus »Wem die Stunde schlägt« nach ihrer ersten Nacht fragt »Hat die Erde gebebt?« und die beiden sagen »Ja«.

Damals, mit vierzehn, hatte ich das alles wörtlich genommen, das Zittern und das Kissen und das Erdbeben, und später hatte das eine Menge Wirrnis und Enttäuschung zur Folge gehabt, als nicht das Mädchen beim ersten Kuß zitterte, sondern ich, und als ich ein Kissen herbeiholte, das dann gar nicht gebraucht wurde, und als die Erde nicht bebte. Ich finde, jemand sollte mal die wahre Geschichte über die Folgen der Literatur schreiben, auf jeden Fall sollte erstmal das Gewäsch aufhören, das immer verzapft wird, wenn mal wieder die Folgenlosigkeit der Literatur beklagt wird, in Funknachtprogrammen oder in Zeitschriften, oder wo man sonst das Thema »Hat die Literatur Folgen?« breitwalzt.

Am Nachmittag machten wir alle einen Spaziergang zum Elefantenklo, das eigentlich ein Wahrzeichen war und »Bismarckstein« hieß, und dann gabs wieder was zu essen, und dann sahen wir uns im Fernsehen noch einen italienischen Psychothriller an, der aber nicht sehr gut war.

Vor dem Einschlafen las ich noch das siebte Kapitel des Zweiten Buches von »Fiesta«, in dem Jake nicht einschlafen kann und nochmal das Licht andreht und eine Geschichte aus Turgenjews »Aufzeichnungen eines Jägers« liest: »Ich wußte, daß ich mich in meinem überreizten Zustand nach viel zu viel Alkohol auf das jetzt Gelesene in irgendeinem Augenblick mal besinnen und glauben würde, daß mir alles selbst passiert sei.« Ich glaubte Hemingway kein Wort, weil mir sowas noch nie passiert war, doch als ich das las, fiel mir ein, daß ich noch nie etwas von Turgenjew gelesen hatte, und ich nahm mir vor, mal etwas von ihm zu lesen.

5

Als wir auf die Autobahn kamen, regnete es noch, doch kurz darauf riß der Himmel auf, und das Grün der Wintersaat glänzte in der Sonne. Bald darauf war alles wieder bewölkt, und der Regen behinderte die Sicht. Wir fuhren immer weiter nach Norden und hörten im Wetterfunk, wie für die nächsten Tage wechselhaftes Wetter und Schauerstaffeln angesagt wurden. Vor Hannover bogen wir in Richtung Braunschweig ab, und hinter Braunschweig hielten wir uns an die Schilder, die Uelzen anzeigten. Wir wollten ins Wendland, wo ich noch nie gewesen war. Mein Bruder hatte dort mit seiner Frau ein Bauernhaus, und nun fuhren wir zu ihnen, um sie zu besuchen. Die beiden waren schon am frühen Morgen losgefahren, um das Haus zu heizen. Je mehr wir uns dem Wendland näherten, desto leerer wurden die Straßen. Es war der dritte Tag nach Weihnachten, und die Geschäfte hatten wieder geöffnet, doch auf den Landstraßen war wenig los. Ich wußte nicht, ob das an der Jahreszeit lag oder ob hier nie viel los war.

»Nicht viel los hier«, sagte Almut.

»Liegt vielleicht an der Jahreszeit«, sagte ich. »Aber vielleicht ist hier auch sonst nicht viel los.«

»Eine abgelegene Gegend.«

»Sieht so aus.«

»Schöne Bauernhäuser.«

»Finde ich auch.«

Wir waren jetzt schon auf der Straße nach Lüchow und die Orte hießen Dommatzen und Wittfeitzen und Dickfeitzen und Waddewitz und Meuchefitz und Gohlefanz und Tolstefanz. Wir kamen auch an einem Ort vorbei, der Kröte hieß.

»Der fällt aber aus dem Rahmen«, sagte ich. »Der sollte sich mit Mücke verschwistern oder verpartnern oder wie man das nennt. Könnte das Selbstbewußtsein der Kröter heben oder wie sie heißen.«

Mücke ist ein Ort im Vogelsberg, wo wir einmal durchgekommen waren.

»Kröte und Mücke, das geht«, sagte Almut. »Aber umgekehrt? Würdest du dich als Mücke gern mit Kröte verschwistern?«

»Sind doch nur Orte«, sagte ich.

Wir kamen an, als es zu dunkeln begann, und mein Bruder und seine Frau begrüßten uns, und wir schauten uns das Haus erst von außen an, und dann gingen wir rein und setzten uns an den Kamin. Es war eigentlich gar kein Kamin, sondern ein niedriger Eisenofen, den man öffnen konnte und der, glaube ich, Jefferson-Ofen hieß. Er machte eine prima Wärme, und wir fühlten uns riesig wohl. Wir redeten erst über das Haus und dann über die Malerei. Mein Bruder ist Maler, und wenn wir zusammen sind, reden wir immer viel über die Malerei. Mir fiel ein, daß die Männer, die sich Hemingway für »Fiesta« ausgedacht hatte, nie über die Schriftstellerei redeten, obwohl sie fast alle schrieben. Sie redeten hauptsächlich über Saufen, Frauen, Forellen und den Stierkampf. Auf den ersten Blick schienen sie eine ziemlich abgebrühte Bande zu sein, aber in Wirklichkeit waren sie hochsensible Männer, die sich ständig dafür schämten, daß sie keine richtigen Männer waren wie die Stierkämpfer, sondern nur Künstler: »›Sag ihm, daß ich Schreiben verächtlich finde‹, sagte Bill. ›Los sags ihm. Sag ihm, daß ich mich schäme, daß ich Schriftsteller bin.‹«

Ich hatte auch diese Stelle ganz vergessen, und als ich sie wieder las, wunderte ich mich, daß ich trotzdem immer Künstler hatte werden wollen und nie Stierkämpfer oder Boxer oder Fischer oder sonstwas Handfestes. Ich las weiter, und nun war die Fiesta schon in vollem Gange, und alle zogen dauernd herum, vom *Montoya* ins *Café Iruña* und von dort zum Stierkampf und dann ins *Suizo*, und auf den Straßen drängten sich die Menschen und überall spielte Musik auf. Und die ganze Zeit über hatten sie diese großen Gefühle, und sie tranken ständig, und die Gespräche wurden immer schlichter, und ich las immer schneller, weil ich merkte, wie auch meine Gefühle immer größer wurden und meine Gedanken immer schlichter und wie es mir immer mehr Spaß machte, so große Gefühle und so schlichte Gedanken zu haben, und wie ich damit begann, alles durcheinander zu bringen, und anfing zu glauben, daß ich schlichte Gefühle und große Gedanken hätte.

Dann kam mein Bruder und sagte, daß das Abendessen fertig sei. Wir aßen eine Riesenmahlzeit und tranken dazu *Wittinger Bier*.

»Bei *Paschke* ist heute Abend Schützenball«, sagte die Frau meines Bruders. »Wenn ihr Lust habt, können wir nachher noch hingehen.«

»Und ob wir Lust haben«, sagten wir.

Wir zogen also nach dem Essen zu *Paschke* und setzten uns an einen Tisch neben der Theke. Der Schützenball fand im Versammlungsraum statt und durch die geöffnete Flügeltür kamen immer wieder Leute an die Theke, um hier einen *Schluck* zu trinken und dann wieder in den Tanzsaal zu gehen. Schluck ist eine wendländische Bezeichnung für einen klaren Schnaps. Wenn man viel davon trinkt, wird man besoffen. Im Tanzsaal war die Tanzerei schon in vollem Gange, aber es ging noch ziemlich zivil zu.

»Das wird sich im Laufe der Zeit aber noch ändern«, sagte die Frau meines Bruders.

»Hoffentlich«, sagte ich. Ich hatte noch nie einen Schützenball mitgemacht und verband damit nur undeutliche aber großartige Vorstellungen. Ich sagte das meinem Bruder.

»Was erwartest du denn?« fragte er. »Etwa Exotik?«

»Klar. Exotik und Exzesse und Schlägereien und kollektiven Wahnsinn. So wie bei der Fiesta in Pamplona.«

»Wie kommst du denn darauf?«

Ich erzählte es ihm.

»Warst du denn jemals auf einer Fiesta?« fragte er.

»Ich war überhaupt noch nie in Spanien«, sagte ich.

»Und jetzt bist du im Wendland«, sagte er.

»Offensichtlich.«

Wir schauten auf das Gedränge an der Theke, das immer stärker wurde. Die meisten Männer hatten grüne Uniformen an und trugen Ordensbänder an der Brust. Einer von ihnen, ein großer, älterer Bauer, setzte sich an unseren Tisch.

»Na Adolf«, sagte die Frau meines Bruders, »wie läuft denn der Ball?«

»Keine richtige Stimmung. Früher, da war was los. Da haben die Leute sich ein halbes Jahr auf den Ball gefreut. Und wenn dann die Blasmusik loslegte, dann ging es aber rund. Aber heute haben sie alle Fernsehen und Disco, und die Kapelle besteht nur noch aus zwei Mann. Ne, da läuft nichts mehr.«

»Aber den Leuten scheint es doch zu gefallen«, sagte Almut.

»Ne, ne, die hätten Sie mal früher sehen sollen.« Er erzählte noch etwas von seinem sechzehnjährigen Sohn, der Rinderzüchter werden wollte und nur Rinderzuchtzeitschriften las und alle amerikanischen Deckbullen auswendig konnte, und dann klopfte er auf den Tisch:

»Viel Spaß noch!«

»Ich kanns nicht mehr hören«, sagte ich.

»Was denn?«

»Dieses früher, früher. Anscheinend komme ich immer zu spät. Als ich 1958 in Berlin meinen ersten Kunstakademiefasching mitmachte, hat man mir das auch schon erzählt: Vor zwei Jahren! Da wurde noch in allen Fluren gevögelt! Da waren alle Ordner noch mit einer Schere und mit Heftpflaster ausgestattet!«

»Warum das denn?« fragte Almut.

»Um die vögelnden Paare zu trennen.«

»Ach so.«

Wir schauten noch eine Weile zu, und als wir gingen, hatte gerade ein Tanz angefangen, bei dem die Paare mit angewinkelten Armen wedelten und dann in die Hocke gingen und im Kreis umeinanderwatschelten.

»Guck mal«, sagte mein Bruder, »da hast du deine Exotik.«

»Das haben wir schon im Kindergarten gemacht«, sagte seine Frau, »das ist der Ententanz.«

»Gottseidank«, sagte ich, »die Exotik kann mich mal.«

»Quakquakquak«, sangen die Musiker.

Wir traten auf den dunklen Dorfplatz, der weit war und sandig und baumbestanden, wie alles im Wendland.

»Habe jetzt dein Buch gelesen«, sagte mein Bruder.

»Ach ja?«

»Die Stellen, die in Italien spielen, haben mir gefallen.«

»Spielt doch fast alles in Italien.«

»Ein schönes Land.«

»Ja.«

Als ich dann im Bett lag, mit einem Pullover wegen der klammen Laken, griff ich noch einmal zu »Fiesta«. Ich mochte den knallgrünen Umschlag nicht und versuchte mich daran zu erinnern, wie der Umschlag vor dreißig Jahren ausgesehen hatte, der von Gisela Pferdmenges und Karl Gröning jr., als noch ein Stierkämpfer draufgewesen war und andere Gestalten, die ich aber nicht mehr zusammenbekam. »Es war der letzte Tag der Fiesta«, las ich und dann, wie alles den Bach runterging, weil Brett mit dem Stierkämpfer verschwand und auch Cohn sich abseilte, weil er sich mit dem Stierkämpfer wegen Brett geprügelt hatte, und wie Bill, Mike und Jake sich mit Absinth vollaufen ließen, das heißt Mike nicht, der war ohnehin ständig betrunken. Nun waren alle restlos unglücklich, aber das waren sie eigentlich schon das ganze Buch über gewesen, und ich fragte mich wieder mal, wo ich eigentlich meine Augen gehabt hatte, damals, als ich das Buch zum ersten Mal gelesen hatte. Mir fiel der Satz ein »Anders liest der Knabe Terenz, anders der Greis«, doch ich erinnerte mich nicht mehr, woher ich ihn kannte. Ich wußte so vieles nicht mehr von dem, was ich mir in den ganzen Jahren in den Kopf gezogen hatte. Eigentlich, dachte ich, müßte man die ganzen Bücher, die man vor dem zwanzigsten Lebensjahr gelesen hat, nochmal lesen, anstatt ständig herumzurätseln, welche frühkindlichen Verletzungen im Lauf der Zeit welche Spätfolgen gezeitigt hätten. Aber dann würde man vor lauter Lesen wohl überhaupt nicht mehr zum Leben kommen. Andererseits, was war das: Leben? Mit einer tollen Clique von einem Café ins andere ziehen, im Süden, wo man von großen, heißen Plätzen unter schattige Arkaden trat, um von dort aus den Einheimischen bei ihren Vergnügungen zuzusehen und unheimlich coole Gespräche zu führen. Das muß einem erst mal einer sagen. Darauf kommt man nicht von alleine, und in der Schule lernt man das auch nicht. Mir hatte es Hemingway beigebracht, und ich war daraufhin in den Süden gefahren, nicht nach Spanien, aber doch nach Italien – Süden war schließlich Süden –, immer öfter und schließlich schon etwas enttäuscht, weil der Südenlack immer mehr abging und ich immer weniger sah und mich immer weiter von den großen Gefühlen entfernte.

Bis es dann doch noch geklappt hatte, ganz überraschend, vor zwei Jahren, bei der Festa del Perdono in San Giovanni. Wir hatten fabelhaft im *Masaccio* gegessen und waren Riesenrad gefahren und hatten nach Blumen geschossen, und nun saßen wir im *Circolo Arci*, der Freund, die schöne Begleiterin, Almut und ich, und wir holten einen Rotwein nach dem anderen von der Bar und schauten durch die weitgeöffneten Fenster in die blaue Nacht, in der das Fest weiterging, und auf die Feiernden, die sich am Fenster vorbeischoben, und plötzlich wußte ich: Das ist das Glück, und ich wußte auch, warum ich das wußte, und sagte es den anderen auch gleich: »Das ist hier jetzt genau wie in ›Fiesta‹.«

Die Laken hatten begonnen, sich zu erwärmen. Ich hatte nur noch das Dritte Buch vor mir, das ziemlich kurz ist, und in dem Jake seine Brett aus dem *Hotel Montana* in Madrid rausholt, wo sie ohne Geld hängengeblieben war, nachdem sie sich von ihrem Stierkämpfer getrennt hatte. Dann zogen sie zusammen zum *Palace Hotel* und von dort aus zu *Botín*, und dort aßen sie ausgezeichnet und tranken jede Menge *Rioja Alta*, und auf der letzten Seite saßen sie schließlich in einem Taxi:

»Ach Jake«, sagte Brett. »Wir hätten so glücklich zusammen sein können.«

»Ja«, sagte ich. »Ganz schön, sich das auszumalen, nicht wahr.«

GLANZ

LOKAL-TERMIN

Es war an einem Freitag, da betrat der Gelegenheitsschriftsteller Norbert Gamsbart das in Frankfurt-Bockenheim gelegene Lokal »Taverne Wachtelstubb«, fand, da es erst später Nachmittag war, auch mühelos einen leeren Tisch, setzte sich und begann, nachdem er etliche Papiere vor sich ausgebreitet und einen Viertelliter Rotwein bestellt hatte, die folgenden Zeilen niederzuschreiben:

Teure Freundin,
seit jenem unvergeßlichen Vormittag, da ich an Ihrer Seite durch die in der Berliner Nationalgalerie aufgebaute Ausstellung »Kunst wird Material« gehen durfte, bin ich Ihnen noch eine Antwort schuldig, die Antwort auf die Frage, die Sie angesichts eines Objekts von Joseph Beuys stellten – es handelte sich um einen Glaskasten mit vier luftgetrockneten Blutwürsten –: »Was soll denn der Scheiß?« Sie sagten das mit jenem trotzigen Zurückwerfen des Haares, das mich seit unserer ersten Begegnung nicht aufgehört hat zu bezaubern, und Sie hatten beim Rundgang durch die Ausstellung noch häufig Gelegenheit, Geste sowie Frage zu wiederholen: vor Allan Kaprows aufeinandergeschichteten Autoreifen, vor Pistolettos Altkleiderhaufen oder vor Reinhard Muchas gestapelten Kunststoffstühlen. Ich erinnere mich Ihres wachsen-

den Unmuts – wie schön Sie in Ihrem Unmut waren! – Ihres Zorns, den auch Wolfgang Laibs immerhin schön gelbe »Kiefernblütenstaubaufschüttung« nicht besänftigen konnte und erst recht nicht der Katalog, welcher, anstatt Fragen zu beantworten, bei Ihnen weitere aufwarf, etwa die nach der geistigen Zurechnungsfähigkeit des Vorwortschreibers Michael Pauseback, dem in der Tat ausnehmend dunkle – Sie sagten: idiotische – Sätze gelungen waren, zum Beispiel: »Das Material verlangt nach Sinnbedürfnis in sich selbst und nicht in seiner Illusion.«

Noch klingt mir das Lachen in den Ohren, mit dem Sie diesen Satz quittierten, noch höre ich Ihre lautstark angestellten Überlegungen – die Leute begannen bereits, sich nach uns umzudrehen –, was denn das Material noch alles verlangen könne außer dem Sinnbedürfnis in sich selbst – vielleicht den Direktor der Nationalgalerie zu sprechen oder ein großes Bier, aber bitte nicht so heiß –, doch ich verliere mich in Einzelheiten, anstatt zu der Frage zurückzukehren, die seit jenem Vormittag nicht aufgehört hat, mich zu beschäftigen: »Was soll denn der Scheiß?«

Sie werden sich erinnern, daß ich zu einer Ehrenrettung der Künstler anzusetzen versuchte – nicht gerade der in der Nationalgalerie versammelten, aber doch des Künstlers überhaupt –, daß ich mich bemühte, Ihnen deutlich zu machen, es sei doch der Künstler, der in einer entgötterten Welt dafür sorge, daß des Menschen offenbar unausrottbares Bedürfnis nach bergendem Sinn und entrückender Transzendenz gestillt werde – »Durch luftgetrocknete Blutwürste?« fragten Sie und warfen mir überdies berufsbedingte Blindheit, falsches Bewußtsein und elitären Dünkel vor, schließlich sei ja auch ich einer jener selbsternannten Sinnstifter, ja ich hörte Sie sogar etwas von Möchtegernkünstlern murmeln, die es offenbar immer noch nicht lassen könnten, die Mitwelt mittels mitleidloser Mystifikationen zu belästigen. Nie werde ich, scharfzüngige Freundin, vergessen, mit welcher Bestimmtheit Sie während dieser Worte dem Ausgang zustrebten, indes ich mich verzweifelt mühte, in gebotener Kürze nachzuweisen, daß ebendiese Mitwelt den Künstlern Dank, ja Verehrung schulde, da es die Künstler seien, die das Leben – vergebliche Mühe, denn schon waren wir im Freien angelangt, schon riefen Sie: »Ach da ist ja auch Rolf!« – wieso Rolf? welcher Rolf? – schon beeilten Sie sich in den parkenden Wagen zu steigen – was gab dem dürren Schlaks am Steuer eigentlich das Recht, derart ungeniert in Ihr volles Haar zu greifen? – kaum hatte ich noch die Zeit zu beteuern, ich wüßte schon, was der Scheiß solle, wäre auch gerne bereit, die Frage so erschöpfend wie zufriedenstellend zu beantworten, ich müßte lediglich – doch da setzte sich der Wagen auch schon in Bewegung, entmutigt wollte ich mich bereits zum Gehen wenden, als Sie mich in unerwarteter Weise neu bestärkten, indem Sie mir durch das heruntergekurbelte Fenster des anrollenden Gefährts zuriefen: »Mach mal, du wirst schon sehen, was dabei herauskommt!«

Hier hielt der Schreibende inne, da der Ober den Rotwein brachte. Vom Wein trinkend überflog er den letzten Absatz, dann stellte er das Glas ab und fuhr fort:

Mach mal – es sind Ihre Worte, die mich dazu ermutigen, den ebenso schwer zu durchschauenden wie unübersehbaren Zusammenhängen zwischen Kunst und Leben nachzugehen. Mach mal – lange wußte ich freilich nicht, was machen. Zu ungestalt erschien mir das Thema plötzlich, zu vielfältig und zugleich zufällig das Material, das mir zu Augen kam, bis mich ein ebenfalls zufälliger Besuch des Lokals »Taverne Wachtelstubb« auf den Gedanken brachte, hier anzusetzen. Ist doch ein Gasthaus zweifelsfrei ein Ort, an dem sich das abspielt, was man leichthin Leben nennt – Ort des Essens und Trinkens, Stätte der entspannten Begegnung ebenso wie Schauplatz entlastender Exzesse. Und ist doch die »Taverne Wachtelstubb« – das bewies mir bereits ein erster Rundblick – zugleich ein Raum, in dem die Kunst vieler Zeiten ihren Niederschlag gefunden hat, ja der ohne sie gar nicht denkbar wäre, jedenfalls nicht in seiner heutigen Gestalt. Aus diesem Grunde habe ich das erwähnte Lokal erneut aufgesucht, diesmal in der erklärten Absicht, so etwas wie eine Ikonographie dieses Ortes zu versuchen, eine Bildbeschreibung also, richtiger: eine Beschreibung der Bilder.

Der Schreibende entzündete eine Zigarette, trank vom Wein, goß nach, kratzte sich am Kopf und fuhr dann fort:

Um einem möglichen Mißverständnis gleich zu Anfang zu begegnen: die »Taverne Wachtelstubb« ist keineswegs ein Künstlerlokal. Kein Original-Matisse – wie etwa in der Zürcher »Kronenhalle« – schmückt hier die Wände, auch fehlen gutgemeinte, meinethalben auch gutgemachte Handzeichnungen künstlerisch tätiger Stammgäste. Bildschmuck im eigentlichen Sinne ist in diesem ansonsten reichlich vollgestopften Lokal fast unterrepräsentiert: da hängt ein Teller, auf dem das Herzstück von Rembrandts Nachtwache abgebildet ist, da gibt es einige offensichtlich handgetriebene flache Metallfigurinen, eine Seejungfrau, ein Segelschiff, einen Fakir mit Schlange. Alles semiabstrakte Reliefs vor weißer Wand – ich möchte es mir und Ihnen, vielbeschäftigte Freundin, ersparen, den stilistischen Ursprüngen dieser dunkelglänzenden Konkav-Konvex-Figurationen nachzuspüren, sie wären, vermute ich, am ehesten bei modischen Frühexpressionisten und Frühkubisten zu suchen, bei Rudolf Belling etwa oder Alexander Archipenko.

Lassen wir auch die auf dunkles Holz montierten und sinnreich geätzten Kupferplatten unberücksichtigt, die Ruinenlandschaft und die »Römer oder Rathauß zu Frankfurt am Main« überschriebene Replik eines, wie ich annehme, Merian-Stiches, wenden wir uns stattdessen all den weniger deutlichen und zugleich sehr viel beredteren Hinweisen auf abendländische Geistes- und Kunstgeschichte zu, die dieser Raum in so beeindruckender Fülle birgt.

Hier unterbrach sich der Schreibende, bestellte ein weiteres Viertel, trank, blickte eine Weile versonnen zur Decke und fuhr dann fort:

Als erstes möchte ich Sie, hilfsbereite Freundin, bitten, mit mir nach oben zu schauen. Mächtige dunkle Balken scheinen auf den ersten Blick die Decke zu tragen, tun es aber auf den zweiten Blick gar nicht, da sie gar keine Berührung mit der zu tragenden Decke haben. Eine kunstvolle Täuschung also, offensichtlich zu dem Zweck inszeniert, den Raum niedriger erscheinen zu lassen, Blendwerk, das sich in den Fenstern fortsetzt: milchige Butzenscheiben scheinen es zu sein, doch ohne Bleifassung, eigentlich auch ohne Sinn und Verstand – weshalb dieses undurchsichtige Relief gestanzter, aneinandergereihter Glaskreise, da doch die Technik imstande ist, glasklare Glasflächen in jeder gewünschten Größe herzustellen? Eine Frage, die sich bei der Betrachtung des Beleuchtungskörpers zu unserer Rechten noch zuspitzt: scheinbar eine schlichte Petroleumlampe, die ein rötlich flackerndes Licht verstrahlt, beim näheren Hinsehen aber ein raffiniertes Produkt der Elektro-Industrie, Marke »Tiger«, dessen flammenartig gewundene Glühbirne zwei Glühfäden enthält, die in monoton sich abwechselndem Takt rot aufglühen – so den Eindruck unsteten Flackerns hervorrufend.

Täuschung, sagte ich, doch jeglicher Täuschung liegt ja eine Absicht zugrunde. Ich frage: Welche? Unverkennbar – all diese täuschenden Details sollen sich zu *einem* Eindruck zusammenfügen. Ich frage weiter: Zu welchem?

Die naheliegende Antwort, hoffentlich miträtselnde Freundin, fand ich, als ich unlängst in einem Kunstband blätterte und dabei auf Albrechts Dürers Kupferstich von 1514 stieß, »Der hl. Hieronymus im Gehäuse«. Da waren sie ja alle beisammen! Die Deckenbalken, die Butzenscheiben, die Petroleumlampe, ja auch noch zahlreiche andere Accessoires der »Taverne Wachtelstubb«, die zu erwähnen ich noch keine Zeit gefunden habe: ein durchlaufendes Holzsims etwa, gut einen halben Meter unter der Decke angebracht, darauf Krüge und andere Behälter, ein an der Wand hängender Rosenkranz, ein von der Decke baumelndes größeres Gemüse, in Dürers Fall ein Kürbis.

Ich bin, geduldige Freundin, an einem Punkt meiner Betrachtung angelangt, an welchem die Fragen sich ebenso verzweigen, wie die Antworten Gefahr laufen, nicht zu eindeutigen Klarheiten, sondern zu zweifelhaften Mißverständnissen zu führen. Beginnen wir mit der am leichtesten zu beantwortenden Frage: Wieso gibt sich ein griechisches Speiselokal den Anschein einer mittelalterlichen Gelehrtenstube? Hier genügt ein Hinweis auf den Doppelnamen der Gaststätte »Taverne *Wachtelstubb*« – offensichtlich handelt es sich bei der altdeutschen Schicht auch um die historisch ältere, wobei ich freilich die Entstehung der »Wachtelstubb«-Relikte nicht früher als Anfang bis Mitte der 60er ansetzen möchte –: allzu offenkundig sind all die Details nicht geschichtlich gewachsen, sondern vom einheitlichen Gestaltungswillen des einrichtenden Bierherstellers geprägt, der Binding-Brauerei also, die ungefähr zur erwähnten Zeit in den Besitz des Oetker-Konzerns überging, worauf ein kapitalstarker Modernisierungsschub zahlreichen vom Konzern belieferten Gaststätten ein blitzblank mittelalterliches Gepräge gab.

Schwieriger bereits ist die Antwort auf die Frage, ob die »Wachtelstubb«-Einrichter wußten, was sie da taten, ob sie sich also bewußt von Dürers Kupferstich anregen und in ihren gestalterischen Entscheidungen leiten ließen. Ich könnte es mir einfach machen und die Frage ungeprüft bejahen – ließe sich ein eleganterer Bogen von der Hochkunst vergangener Zeiten zur Massenkultur unserer Tage denken? – doch Ehrlichkeit und bessere Einsicht in die Verwickeltheit der anstehenden Vermittlungsprozesse verbieten es mir, diesen zwar strahlenden, jedoch letzten Endes nur blendenden Hasen aus meinem Argumentationshut zu zaubern. Denn Ziel der Innenausstatter war ja nicht die Rekonstruktion eines altdeutschen Raumes, sondern die Beschwörung all jener Gefühls- und Gemütswerte, die wir alle so unbestimmt wie hartnäckig mit dem Begriff »altdeutsch« verbinden, also sinnenfrohe Derbheit, anheimelnde Gemütlichkeit, gutes Bier, reelle Preise, jenes Bündel von freundlichen Assoziationen, für die weder Dürers doch recht herbe Kunst noch das bei Licht betrachtet recht verhockte und verbockte Mittelalter selber verantwortlich zu machen sind. Wer aber dann?

Hier nun, nachdenkliche Freundin, könnten mehrere Namen fallen, der des jungen Goethe, der Herders, ich möchte Ihre Aufmerksamkeit jedoch auf den wie mir scheint Hauptverantwortlichen lenken, auf Wilhelm Heinrich Wackenroder. Als Jüngling – und er ist der erste einer Reihe von Jünglingen, die uns noch beschäftigen werden – verfasste er mehrere Aufsätze zur Kunst, »Herzensergießungen eines kunstliebenden Klosterbruders«, die 1797 erschienen und in denen das Mittelalter erstmals mit jenem umflorten Blick gesehen wurde, den unsere Zeit als nostalgisch klassifizieren sollte: »Nürnberg! du vormals weltberühmte Stadt! Wie gerne durchwanderte ich deine krummen Gassen . . . Wie innig lieb' ich die Bildungen jener Zeit, die eine so derbe, kräftige und wahre Sprache führen! . . . Wie oft hab' ich mich in jene Zeit zurückgewünscht! Wie oft ist sie in meinen Gedanken wieder von neuem vor mir hervorgegangen, wenn ich in deinen ehrwürdigen Büchersälen, Nürnberg, in einem engen Winkel, beim Dämmerlicht der kleinen, rundscheibigen Fenster saß . . .« –: Krumm, eng, klein und dämmrig – alles Umstände, die es dem licht- und raumhungrigen Menschen der Neuzeit eigentlich nahelegen sollten, solch einen Raum zu meiden, und die doch, seit Wackenroder, in unseren Köpfen unlösbar verknüpft sind mit »derb, kräftig und wahr« – ein ebenso hochkünstliches wie breit einleuchtendes Amalgam, das, einmal von einem empfindsamen Jüngling zusammengedacht, noch heute weitergedacht, richtiger: weiterempfunden wird, bis hin zu jenem zufälligen Gast, der, sich in der dämmrigen und kleinen »Taverne Wachtelstubb« umschauend, zu dem höchstpersönlichen Urteil gelangt: »Schön gemütlich hier!«

Für eine Weile hielt der Schreibende inne und beobachtete den Gast dabei, wie er sich ächzend in eine der engen Bänke zwängte. Dann, nachdem er vom mittlerweile nachgelieferten Rotwein nachgeschenkt und getrunken hatte, fuhr er fort:

Ich möchte es mir und Ihnen, raschdenkende Freundin, ersparen, eine lückenlose Genealogie der Begriffspaarung »Altdeutsch - Gemütlich« von Wackenroder bis heute zu liefern, möchte die Romantiker Tieck, Novalis und Schlegel vorerst ebenso unerwähnt lassen wie die geschriebene Butzenscheibenromantik eines Viktor von Scheffel oder die gemalte eines Eduard von Grützner, ich möchte allerdings, bevor wir dieses Thema fürs erste verlassen, etwas zu Wackenroder sagen, weniger zu seiner Person – da gibt es wenig zu berichten, 1798 starb er fünfundzwanzigjährig an einem Nervenfieber – als vielmehr zu dem Typus, den er im Wortsinne verkörpert: »Daß der Geschmack größtenteils seinen Grund im feineren (schwächeren, empfindlicheren) Bau und Organisation des Körpers habe«, sagt er, er weiß »daß ich zur Klasse der Sonderlinge gehöre«, er beklagt »die übertriebene Reizbarkeit meiner Nerven«, doch gerade die ist es auch, die ihn unaufhörlich nach Reizen Ausschau halten läßt, fast programmatisch schreibt er seinem Freunde Tieck: »Denn ich sehe nicht ein, warum es nicht möglich sein sollte, bei allen Dingen unter der Sonne etwas zu empfinden« – merken wir uns das »bei allen«. Doch zurück zum Anlaß unserer Überlegungen. Die »Wachtelstubb«, der rückwärts gewandte Teil dieses januskopfigen Lokals hat uns fast ungebührlich lange aufgehalten, schauen wir nun, was die »Taverne« uns sagen will.

Der erste Eindruck: Alles klar. Unübersehbar fällt Griechisches ins Auge. Ein gewebter Beutel hängt an der betont rauhverputzten, mediterran weißen Wand, einer von der Art, wie ihn Touristen, vor allem aber Touristinnen seit Jahrzehnten als griechisches Andenken mitzubringen pflegen. Daneben: Zwei jener Ketten, die die Griechen zum Zeitvertreib durch die Finger gleiten lassen, die hier allerdings nicht aus Bernstein, sondern aus Holz. Wären sonst auch unbezahlbar, denn diese Ketten sind für Fingerspiele viel zu riesig, reine Dekorationsstücke, die niemals ein griechischer Gebrauchsgegenstand sein wollten, sondern zu dem einzigen Zweck geschaffen wurden, das »Griechische« an sich zu verkörpern. Heutiges Griechenland, genauer gesagt, denn auch das klassische Griechenland ist vertreten. Dort droht ein Kunststoff-Heros vom Sims, hier funkelt eine Kupferamphore, doch wen wunderts –: da wir uns in einem griechischen Lokal befinden, ist es nur recht und billig, daß der Wirt uns nicht nur kulinarisch, durch Auberginenpampe (Mousaka) oder Hackfleischbriketts

(Soutsoukakia), sondern auch optisch ins Land seiner Väter entführen möchte. Alles klar also? Leider nein.

Lassen wir die Frage beiseite, warum wir überhaupt räumlich entrückt werden sollen und wollen, ersparen wir uns die Überlegung, was Hölderlin dazu bewog, den jungen Dichtern seiner Zeit zu empfehlen »Seid nur fromm, wie der Grieche war!«, und was den Wirt dazu erfrecht, uns unablässig mit der Stampfmusik seiner lauten Heimat zu behelligen, halten wir uns lieber an sehr viel naheliegendere Fragwürdigkeiten, fahren wir fort, die Wände und Simse der »Taverne« zu entziffern. Leichter gesagt als getan. Da nämlich sind die Übergänge fließend, die Zeichen überlappen, widersprechen, verdunkeln sich stetig: Eben noch waren wir in Hellas (Amphore), da weht uns auch schon das 19. Jahrhundert an (Imitation von Kutscherlampen), eben noch haben wir der Kunststoffnachahmung eines hölzernen Bierfaßbodens die einigermaßen einprägsame, da eingeprägte Botschaft entnommen, daß wir »Römer Pils Spezial« trinken sollen, da geben uns zwei freibeuterhafte Pistolenattrappen um so größere Rätsel auf. Was meint das nun wieder? Störtebeker? Rinaldo Rinaldini? Die Räuber? Friede den Hütten, Krieg den Palästen? Ein Mann sieht rot? Oder einfach nur: Peng Peng?

Hier unterbrach der Schreibende sein Schreiben, bedeutete dem Kellner, er wolle einen Ouzo, und fuhr dann fort:

Rätsel, denen nachzugehen ich mich im Moment hüte. Dunklere noch werden sich uns, wagemutige Freundin, schon bald in den Weg stellen, Grund genug, sich erst einmal all jenen Botschaften zuzuwenden, die uns nachdrücklich vergessen lassen sollen, wo wir uns eigentlich befinden – in der Stadt nämlich –, und die uns ins nicht so sehr räumliche als vielmehr moralische Gegenteil entrücken sollen: aufs Land natürlich.

Land als Natur – in Gestalt von Plastiktrauben, getrockneten Maiskolben, vertrockneten Feldblumen – Land vor allem aber als vorindustrielle Kultur, vertreten durch ein Ochsenjoch, ein Wagenrad, mehrere Tonkrüge und vor allem Glocken, Glocken, Glocken. Viehglocken in allen Größen, von denen eine besonders große mir besonders bedenkenswert erscheint, da sie an einem breiten, gewebten Bande hängt, dessen durchgehend blau-weißes Rautenmuster nicht einfach Land meint, Land als Heimat von Natur, Unschuld und Heimat, sondern auf eine leicht zu entschlüsselnde Landschaft hinweist, auf Bayern, also auf Almen, Hirten und Viehauftrieb; Hinweise, die sich unter dem Strich zu einer summarischen Botschaft addieren: Berg.

Der Schreibende nahm dankend den Ouzo entgegen, trank ihn in einem Zug, dann, nach einem kaum merklichen Schaudern, fuhr er fort:

Hier nun scheint es mir unumgänglich, Sie, aufgeschlossene Freundin, mit einem weiteren kunstsinnigen Jüngling bekanntzumachen, mit dem italienischen Dichter Petrarca, dem, das wage ich um so nachdrücklicher zu behaupten, als es sich ja nachgerade herumgesprochen hat, geistigen Vater der Bergsteigerei und Gipfelschwärmerei. Am 26. April 1336 klettert der junge Mann zusammen mit seinem Bruder Gherardo auf den Mont Ventoux, am selben Abend noch berichtet der glücklich Zurückgekehrte seinem in Paris wohnenden väterlichen Freund Dionigi da Borgo San Sepolcro von den Erlebnissen des Tages: »Den höchsten Berg dieser Gegend, den man nicht unverdientermaßen Ventosus, den Windigen, nennt, habe ich am heutigen Tage bestiegen. Dabei trieb mich einzig die Begierde, die ungewöhnliche Höhe dieses Flecks Erde durch Augenschein kennenzulernen« – ein für damalige Verhältnisse offenbar so unübliches Unterfangen, daß sich Petrarca um Entschuldigungen bemüht, die er, Literat, der er ist, denn auch in der Literatur findet. Er sei auf den Einfall gekommen, behauptet er, »als ich römische Geschichte beim Livius nachlas, wo Philipp, der Mazedonierkönig, den Berg Hämus in Thessalien besteigt«, und: »Mir schien für einen Jüngling ohne Anteil am Staatsleben entschuldbar zu sein, was man an einem greisen König nicht tadelt«, worauf er also auf den Berg steigt, wobei ihm ständig etwas auf- und einfällt: daß auch »das Leben, das wir das selige nennen, auf einem hohen Berg liegt«, daß man vom Mont Ventoux aus die Rhone und den Golf von Marseille sehen kann, daß Augustinus, dessen »Bekenntnisse« Petrarca in einer Taschenbuchausgabe mit sich führt, das alles allerdings gar nicht so gerne sieht, vielmehr mahnt: »Und es gehen die Menschen zu bestaunen die Gipfel der Berge und die ungeheuren Fluten des Meeres und die weit dahinfließenden Ströme . . . und haben nicht acht ihrer selbst« – ich zitiere so ausführlich, um Ihnen, langmütige Freundin, vor Augen zu führen, mit welcher Flut von Assoziationen, Interpretationen, Begründungen und Bewertungen Petrarca den schlichten Vorgang des Kraxelns auflädt – sie reichen von historischen Rückblicken über geographische Einblicke bis hin zu postmortalen Ausblicken. Aber warum erzähle ich das alles?

Nicht – oder doch nicht nur – um die Anwesenheit einer bayrischen Kuhglocke in einem griechischen Lokal in Frankfurt-Bockenheim zu erklären, wohl aber um eindringlich darauf zu insistieren, daß es nicht ein Naturbursche, sondern ein Künstler war, der den einleuchtenden Einfall hatte, ein Berg könne mehr sein als ein Haufen großer Steine, wie viel mehr, das wurden andere Künstler nicht müde zu ergründen, vom Alpenmaler Albrecht Dürer (»Welsch Pirg«) über den Alpendichter Albrecht von Haller (»Auf den Bergen lebt die Freiheit«), bis schließlich alles im »naßkalten Gepickel« (Bernd Eilert) eines Reinhold Messner mündete, in hunderttausendfach gebuchten Sommer- und Winterfrischen, in millionenfach geäußerten Ahs und Ohs angesichts steiler, sich verfärbender Kalkflächen. Denen aber, den Bergästheten wie den Bergsteigern, würde noch heute jeder Begriff von ihrem Tun ebenso fehlen wie ihrer Anstrengung jeglicher Sinn, hätten nicht die – summarisch gesagt – Petrarcas jahrhundertelang beides vorgeliefert, Sinn in Hülle und Fülle und Begriffe im Überfluß. Freilich: Bergsteiger gab es auch vor Petrarca. Er selber schildert die Begegnung mit einem seiner Vorgänger, und doch könnte niemand meine so hartnäckig verfolgte These nachhaltiger erhärten als gerade dieser Unbekannte: »Einen uralten Hirten trafen wir an den Hängen, der sich mit viel Worten bemühte, uns von der Besteigung abzubringen. Dieser sagte, er habe vor fünfzig Jahren in ebensolchem Ansturme jugendlichen Feuers den höchsten Gipfel erstiegen, indessen nichts von da heimgebracht als Reue und Mühe und von Felskanten und spitzem Dorngestrüpp zerrissen Leib und Rock, und es sei weder vor noch nach jener Zeit je bei ihnen davon gehört worden, daß irgendwer Ähnliches versucht habe« – fast bin *ich* versucht, dieser Art einbildungsarmer Realitätsverfallenheit die Zeilen eines spöttischen Schlagerliedchens entgegenzuhalten: »Rauf, ja das kunnt er (körperlich), doch wie kommt er runter (geistig)?«

Denn *so* kann man die Berge natürlich auch sehen, als Inbegriff menschenfeindlicher Mühe, ja ich möchte unterstellen, daß es die dem Menschen gemäße Art ist, sie so zu betrachten. Und nicht nur die Berge, sondern jegliche Art nutzloser, unfruchtbarer Natur, Heide und Strand, Wüste und Karst, Moor und Meer – all jene Landstriche also, die heutzutage Myriaden von Urlaubern anlocken. Wieso eigentlich? Woher nimmt der Tourist, den ein ihm unergründliches Schicksal an die windige Südküste Teneriffas, nach beispielsweise El Medano verschlagen hat, die unerschütterliche Gewißheit, daß all das, was er da sieht, sein Geld wert, weil schön ist: das topfebene Meer, der staubige Strand, der aschenfarbene, baumlose Berg? Wieso jubelt er ausgerechnet da auf, wo er doch eigentlich aufstöhnen müßte – vor sprachlosen Landstrichen, deren einzige Botschaft an den Betrachter lautet: Nun fühl mal schön!

Doch gerade das ist für den heutigen Beschauer nun überhaupt kein Problem. Nicht nur, daß er Gefühle hat, er weiß auch, welche es im Einzelfall sein müssen: es ist ja bereits alles vorgesichtet, vorgefühlt und vorgestellt worden, von all den ungezählten Zivilisationsflüchtlingen, die es seit Jahrhunderten von kargen in immer noch kargere, von abgelegenen in immer noch abgelegenere Landstriche gezogen hat, zunächst noch halbwegs geordnet, dann, im 19. Jahrhundert, in geradezu panischen Absetzbewegungen, oft Einzelne, häufiger ganze Rudel: Caspar David Friedrich nach Rügen und in den Böhmerwald, die Nazarener in die Sabinerberge, Leibl und Sperl ins Dachauer Moos, Cézanne, van Gogh, Gauguin in die Provence, Gauguin solo nach Tahiti, Pettenkofer in die Puszta, die Worpsweder nach Worpswede, Segantini ins Oberengadin, die Peredwishniki ins flache Rußland, Leistikow an die märkischen Seen, die Brücke-Maler nach Alsen, Pechstein nach Palau – und das alles sind noch vergleichsweise seßhafte Leute, keine jener Reisekünstler, die in hellen Scharen ständig auf Achse waren, um auch noch den letzten gottverlassenen Winkel der Erde auf exotische, poetische und pittoreske Reize hin abzuklopfen. Für sie alle mag ein Name stehen, der des Russen Wereschtschagin, ein ungemein umtriebiger Herr, der von Israel über Tiflis und Sibirien bis hin nach China so ziemlich alles gemalt hat, was –

Der Schreibende ließ für einen Moment den Stift sinken. Was, was, was überlegte er, ach was, dachte er schließlich, leerte die Karaffe und fuhr fort:

Durch ein griechisches Lokal hatte ich Sie, geneigte Freundin, führen wollen, bis in die frühe Renaissance und das ferne China hat es uns verschlagen, und doch haben wir uns nur scheinbar vom Anlaß unserer Überlegungen fortbewegt. Im Gegenteil: je weiter es uns fortreißt, desto nachdrücklicher kommen wir dem nach, was all die uns umgebenden Signale eigentlich meinen: Nichts wie weg. Egal wohin, weg ins Mittelalter, weg nach Griechenland, weg zu den Bauern, weg auf die Berge, vierfach gemoppelt hält besser –: nur nicht hier bleiben. Signale, sagte ich, doch die Fundstücke der um uns ausgeleerten Plundertüte geben ja nicht nur die Richtung an, sie selber sind zugleich Energien, die uns mit- und fortreißen, »eben noch auf hohen Rossen« – ein Pferdehalfter – »dann schon durch die Brust geschossen« – die beiden Pistolen – und unmittelbar daneben beschwört eine verbeulte Autohupe die unschuldige Zeit der frühen Technisierung, als die Autos noch Schnauferl und die Autofahrer noch Ritter der Landstraße waren – was, frage ich Sie abermals, soll das alles eigentlich?

Wer ein Lokal betritt, tut dies doch, um sich darin aufzuhalten. Ihn dort festzuhalten, müßte auch im Interesse des Wirtes liegen. Weshalb setzt er den Gast stattdessen einem solch pausenlosen und ungeordneten Bombardement grenzüberschreitender Fingerzeige aus? Weil der Wirt es dem Gast einfach nicht zumuten zu können glaubt, im ungeschönten Hier (Frankfurt-Bockenheim) und Jetzt (April 83) einen mäßigen Wein zu trinken? Oder weil ihm selber die Vorstellung unerträglich ist, sein Leben könne sich auf den tristen Vorgang beschränken, daß er in einem mäßig langen Raum in Frankfurt-Bockenheim einen mäßigen Wein ausschenkt? Fragen, dank deren wir uns dem Thema um einen entschiedenen Schritt genähert haben, ja möglicherweise bereits beim Thema sind.

Der Schreibende seufzte fast unverhohlen auf, bedeutete dem Ober, er wolle ein weiteres Viertel, und fuhr dann entschlossen fort:

Woher dieser Hunger nach Ferne, Entgrenzung und Vermischung, fragte ich, woher dieser Durst nach flutenden Bedeutungen? Suchen wir die Antwort nicht in der trüben Befindlichkeit des zufälligen Wirtes oder in der desolaten Verfassung des Menschen an sich, halten wir lieber Ausschau nach den geistigen Anstiftern zur Unruhe, nach den Rädelsführern der Bewegung, und schon stoßen wir auf zwei weitere Jünglinge, Künstler natürlich auch sie, die Anfang des 19. Jahrhunderts so etwas wie eine Theorie dessen entwickelten, was der Wirt der »Taverne-Wachtelstubb« so unbewußt wie zielstrebig in die Praxis umzusetzen versucht: die Frühromantiker Friedrich Schlegel und Friedrich von Hardenberg, alias Novalis.

»So wird alles in der Ferne Poesie«, befindet Novalis, »ferne Berge, ferne Menschen, ferne Begebenheiten, alles wird romantisch« – romantische Poesie also, die wiederum Friedrich Schlegel auf die berühmt gewordene Formel bringt: »Die romantische Poesie ist eine progressive Universalpoesie. Ihre Bestimmung ist nicht bloß, alle getrennte Gattungen der Poesie wieder zu vereinigen ... sie will und soll auch Poesie und Prosa ... Kunstpoesie und Naturpoesie bald mischen, bald verschmelzen ... die Poesie lebendig und gesellig und das Leben und die Gesellschaft poetisch machen ... Sie umfasst alles, was nur poetisch ist, vom größten, wieder mehrere Systeme in sich enthaltenden Systeme der Kunst bis zu dem Seufzer, dem Kuß, den das dichtende Kind aushaucht in kunstlosem Gesang« – wahrhaft ein Spiegelkabinett der Reflexion, ein geradezu labyrinthischer Gedankengang, der dem, welcher sich da hindurchfinden will, ebendas abverlangt, wovon die Rede ist, die schiere Bewegung nämlich, weiter, weiter, nur nicht stehenbleiben: »Die romantische Dichtart ist noch im Werden, ja, das ist ihr eigentliches Wesen, daß sie ewig nur werden, nie vollendet sein kann . . . denn in einem gewissen Sinn ist oder soll alle Poesie romantisch sein.«

Und nicht nur die. Novalis will alles, »Die Welt muß romantisiert werden«, und er weiß auch, wie man das macht: »Romantisieren ist nichts als eine qualitative Potenzierung. Das niedere Selbst wird mit einem besseren Selbst in dieser Operation identifiziert. So wie wir selbst eine solche qualitative Potenzenreihe sind. Die Operation ist noch ganz unbekannt. Indem ich dem Gemeinen einen hohen Sinn, dem Gewöhnlichen ein geheimnisvolles Ansehen, dem Bekannten die Würde des Unbekannten, dem Endlichen einen unendlichen Schein gebe, so romantisiere ich es« – ein überzeugendes Programm, ein wirksames Programm, ein notwendiges Programm, da –

Hier hielt der Schreibende inne, weil der Ober eine neue Karaffe Rotwein brachte. Da, da, da dachte er, sich durch die Haare fahrend, dann setzte er von neuem an:

Denken wir uns ein Rattenrudel, von unbekannter Hand vor undenklicher Zeit in ein scheinbar unermeßlich großes Testlabyrinth gesetzt. Ein Labyrinth, das einst tadellos in Schuß gewesen ist, mit roten und grünen Lämpchen, gutgeölten Drucktasten, sich lautlos öffnenden Scharnieren und prallgefüllten Freßboxen; seit geraumer Zeit aber – keine Ratte erinnert sich mehr, wann das begann – ist die Anlage verrottet, flackern die Lämpchen, klemmen die Tasten, sind die

Freßboxen leer oder ergießen ihren Inhalt ohne ersichtlichen Anlaß auf die dunkler werdenden Gänge, von deren Wänden die Farbe der einmal so deutlich erkennbaren Richtungspfeile blättert, nicht mehr auszumachen, in welche Richtung sie eigentlich zeigen, ob es überhaupt Pfeile sind –: Stunde der Panik, der ziellosen Bewegung, der apathischen Ermattung, aber auch Stunde der Kundschafter, Spurenleser, Deuter, Stunde der Avantgarde ebenso wie der Arrièregarde, ja, oft findet sich die Nachhut in der Rolle der Vorhut wieder, sofern sie nur lange genug herumtrödelt, dann nämlich, wenn das Rudel, im Kreise laufend, just jene Stelle passiert, an der die Nachhut immer noch dabei ist, von irgendwelchen Farbresten oder Bruchstücken auf den Sinn des Ganzen zu schließen. Stunde der Einzelgänger schließlich, derer, die sich vom Rudel lösen, um furchtlos in finstere Seitengänge einzudringen, gelockt von einem Licht, bei dem unmöglich zu sagen ist, ob es am Ende des Ganges scheint oder ob sie selber es auf die fernaufglühenden Mauern projizieren, Einzelne, die für immer verschwinden oder unvermutet aus unerwarteter Richtung wieder zum Rudel stoßen, Beweisstücke in den grauer gewordenen Klauen – Stücke, die etwas beweisen sollen, richtiger gesagt, aber was?

Daß Rettung möglich sei, natürlich, daß es ein Außen gebe, selbstverständlich, daß sie draußen waren, klar –: doch warum kehren sie dann zurück? Und wieso ähneln ihre Funde so unübersehbar jenen Bruchstücken, über denen die Nachzügler immer noch brüten, indes sie gerade wieder einmal vom Rudel eingeholt werden, dessen Anführer sich pfeifend vor Erregung über neue Beweise und alte Belege hermachen, rasch die Lage peilen und schon längst wieder unterwegs sind, während sich ihre Deutungen noch im abwartend witternden Rudel herumsprechen, von Ratte zu Ratte, in einer Art stiller Post, die das Gesagte oft schon bis zur völligen Unkenntlichkeit entstellt, bevor auch das harthörigste Mitglied des Rudels zu begreifen glaubt, wovon die Rede ist, und stolz eine gänzlich abwegige Version des ursprünglich Gemeinten den längst schon Weitereilenden hinterherkreischt – denken wir uns ein solches Rudel, dann –

Der Schreibende unterbrach sich, um nach dem Rotwein zu greifen. Dann, dann, dann skandierte er halblaut, während er den mit dem Stift den Takt dazu klopfte, alsdann, ermunterte er sich schließlich und fuhr fort:

Deuterratten, Kundschafterratten, Trödelratten – damit hoffe ich eine halbwegs brauchbare Typologie der uns seit etwa zweihundert Jahren ebenso ausdauernd beschäftigenden wie unablässig beschäftigten Künstler aufgestellt zu haben: Wie die hier fortwährend alles Vertraute in Unvertrautes verwandeln – Caspar David Friedrich romantisiert den heimischen Wald, Cézanne geometrisiert den pausbäckigen Apfel, de Chirico verrätselt den italienischen Bahnhof, Morandi verfremdet die nützliche Flasche –; wie die da uns mit jedwedem

Unvertrauten vertraut machen, indem ihnen jede erdenkliche Ferne zum festumrissenen Motiv wird: zeitliche Ferne (Davids »Raub der Sabinerinnen«), psychische Ferne (Géricaults »Irrenhäuslerin«), kulturelle Ferne (Delacroix' »Frauen von Algier«) soziale Ferne (Toulouse Lautrecs »Die Tänzerinnen des Moulin de la Galette«), exotische Ferne (Gauguins »Tahitianerinnen am Strand«), biologische Ferne – warum malen all diese Männer eigentlich dauernd Frauen? –; wie jene schließlich alle abgelegten Stile und abgelegenen Ausdrucksformen auf neue Reize, erfrischende Kicks und ungewohnte Geilheiten hin durchwühlen, die Romanik und die Negerplastik, die Bildnerei der Geisteskranken und die Kinderzeichnung, die Hinterglasmalerei und den Comic, die Reklame von Gestern und die Trivialitäten von Heute, die Musik der Baumwollpflücker und die Mystik der Warenästhetiker, die letzten Gärten Edens also und die neuesten künstlichen Paradiese – welch ein sich stetig mehrendes Gewimmel, welch zunehmend wütender betriebene Recherche, welch ungeahnte Funde, welch nicht zu ahnende Folgen!

»Nun zu mir . . .«

Der Schreibende trank hastig und fuhr fort:

Nein, nein, erschreckte Freundin, Sie haben nichts zu befürchten. Nicht ich spreche, ich lasse zu Wort kommen. Ein lyrisches Ich schreibt seine Fieberphantasien nieder, ein weiterer Jüngling, ein Kind fast, erzählt

»die Geschichte einer meiner Narrheiten«. Er hat »Eine Zeit in der Hölle« verbracht, im August 1873 berichtet er darüber, er, der siebzehnjährige Arthur Rimbaud, die Trödelratte par exellence, geradezu krankhaft hellsichtig, bis zum Exzess geschmäcklerisch, mit einer fast unbegreiflich feinen Witterung begabt:

»Nun zu mir. Die Geschichte einer meiner Narrheiten.

Seit langem prahlte ich damit, alle möglichen Landschaften in mir zu tragen, und fand die Berühmtheiten der modernen Malerei und Poesie lächerlich« – erst zehn Jahre zuvor hat Manets »Olympia« Skandal gemacht, erst ein Jahr zuvor hat Monet jenes Bild gemalt, das der ganzen modernen Richtung den Namen geben sollte, »Impression, soleil levant«, noch ist der Impressionismus außerhalb der Pariser Künstlerkreise nicht viel mehr als ein Gerücht, da befindet sich Rimbaud bereits auf einem völlig anderen Dampfer, auf jenem trunkenen Schiff, dessen Bugwellen nun schon hundert Jahre lang an die wechselnden Gestade des Zeitgeistes schlagen, einst hochaufschäumend, heute mit fast monotoner Gleichförmigkeit: »Ich liebte die ganz einfältigen Malereien (les peintures idiotes), bemalte Türgesimse, Zeltbilder der Jahrmarktsbuden, Aushängeschilder, volkstümliche, grell kolorierte Sachen, die aus der Mode gekommene Literatur, Kirchenlatein, erotische Bücher voll orthographischer Fehler, Romane aus der Großmütterzeit, Märchen, kleine Kinderbücher, alte Opern, alberne Schlager, ungekünstelte Rhythmen (rhythmes naïfs)« – erst vierzig Jahre später lassen andere Künstler diesen Worten Bilder folgen, entdecken und verarbeiten die frühen Kubisten den Zöllner Rousseau und die Fetische der Wobe, feiern und verwerten die Maler des Blauen Reiter russische Ikonen und bayrische Votivtafeln –: heute jedoch lesen sich Rimbauds »Delirien« bereits wie die Bestandsaufnahme eines ganz und gar normalen Wohnzimmers der nicht einmal gehobenen bürgerlichen Mittelschicht, jenes Siebs, in dem schließlich all das hängen zu bleiben scheint, was gestern und heute an Grellheiten produziert wurde, kanalisiert durch Flohmärkte und Wanderausstellungen jugoslawischer Naiver, Mexico-Boutique-Ketten und Arizona-Läden, Antiquariate und Antikmessen, Fernreisen und Sperrmüllaktionen. Wellen der Nostalgie, immer breiter ausgreifend, immer rascher einander folgend, immer folgenreicher auch: Der verstiegene Bildeinfall eines Malers schwemmt siebzig Jahre später fröstelnde Neger in gutgeheizte Kneipen, wo sie krudes Schnitzwerk auf rustikale Tische knallen: »Wolle kaufe? Is echte Volkskunst!« Das verblasene Gedankenspiel eines Dichters treibt hundert Jahre später gutbezahlte Art-Direktoren ins dunkle Belgien, wo sie bei Nacht und Nebel die letzten verbliebenen Emaille-Reklame-Schilder von den Wänden schrauben: »Original 20er Jahre. Toll, wie?« Während die Maler und Dichter natürlich schon längst wieder andere Dampfer geentert haben, Roy Lichtenstein die Comics der 40er aufbläst und Sigmar Polke den Bildschmäh der 50er aufwärmt, da freilich heißts sich sputen, denn auch das Rudel ist behender geworden, immer dichter ist es der Vorhut auf den Hacken, immer rascher dreht sich das Karussell der Renaissancen, Revivals, Comebacks –

Der Schreibende unterbrach sich, da der Wein schon wieder alle war, eindringlich hielt er dem Kellner, welcher am Nebentisch kassierte, seine Karaffe entgegen, dann, nachdem der ihm verstehend zugenickt hatte, fuhr er fort:

Ich weiß nicht, ob Sie, vielwissende Freundin, das Portrait kennen, das Paul Verlaine 1872 von seinem Freund Rimbaud gezeichnet hat. Eine fahrige, jedoch bemerkenswert eindringliche Federzeichnung: Sie zeigt einen schmalen Jungen in enganliegenden Hosen, die Hände in den Jackentaschen vergraben, ein Tuch um den Hals, darüber das glatte, kindliche Gesicht, doch das Kind raucht eine lange Pfeife, trägt das Haar schulterlang, bedeckt es mit einem absonderlichen Hut –: eine Erscheinung, die wahrscheinlich jeder halbwegs Kundige als Künstler oder doch zumindest als Bohemien klassifizieren würde. Natürlich immer eingedenk des Datums, 1872, denn heute gibt es ja keine Künstler mehr, sie sind als Erscheinung, als Typ, als Umriß vollständig untergegangen, da mittlerweile alle wie Künstler herumlaufen, na gut – fast alle. Die einen ständig, jene, die dem angehören, was ich so summarisch wie ungenau die »Szene« nennen möchte, die anderen, die Bürger also, die Werktätigen, diejenigen, die noch Rücksichten nehmen müssen, erst nach Feierabend oder in den Ferien: »Und abends setzen wir die großen Hüte auf / und wenn das jemand stört, wir pfeifen drauf« – Cindy und Bert in ihrem Ferien-Hit »Eviva Espagna«, einem vielgespielten Schlager der frühen 70er.

»Große Hüte« – seit der zweiten Hälfte des vorigen Jahrhunderts eines der gängigsten Künstlerattribute, der deutsche Humorist Wilhelm Busch trug ihn ebenso wie der französische Chansonnier Aristide Bruant, und doch geht es mir um nichts weniger als um den simplen Nachweis, das eine oder andere den Künstler signalisierende Kleidungsstück, diese oder jene in Künstlerkreisen kreierte Haar- oder Barttracht habe das Repertoire bürgerlicher Moden bereichert. Den kann ich schon aus Platz- und Zeitgründen nicht erbringen, wohl aber glaube ich den gemeinsamen Nenner zu kennen, der all die wechselnden Haltungen, Erfindungen und Accessoires der Künstlermoden verband, solange es die Künstler noch gab: die Maskerade.

Ich will Sie, ausdauernde Freundin, nicht mit einer Beschreibung dessen langweilen, was in der »Taverne Wachtelstubb« ebenso deutlich vor Augen liegt, sitzt und tritt wie überall da, wo sich die einschlägigen Kreise treffen, ich möchte das Unübersehbare lediglich auflisten: während der letzten vier Stunden zählte ich hier fünf Lederjacken, drei Latzhosen, zwei Paar Cowboystiefel, einen Binnenschifferpullover, einen Jeans-Anzug sowie zahlreiche Jeans-Hosen – also alles Kleidungsstücke, die unterschiedlich exotischen Berufen entliehen worden sind, vom Zimmermann (Latzhose) bis zum Flieger (Lederjacke); ferner zwei Flohmarktjacketts, eine unbestimmte Anzahl ebendort erstandener Herrenhemden, dito diverse Kleider, deren Materialien und Schnitte ebenfalls den Glanz längst vergangener Moden matt aufschimmern ließen; sowie ein indisches Hemd, eine afghanische Weste, ein Stirnband, alles also aus eindeutig exotischen Gegenden zusammengetragen; und, als i-Tüpfelchen all dieser Exotismen, ein Palästinenser-Feudel, das Kopftuch der Al Fatah, das der Trägerin die Aura gleich dreifacher Entrücktheit verlieh, der geographischen (Orient), der ethnischen (Araber) und der militant-sozialen (Feddayin).

Maskerade, sagte ich; auf die Gefahr hin, Sie nun doch zu langweilen, möchte ich nicht eher zu einer abschließenden Betrachtung des Ausgangspunktes meiner Überlegungen, der »Taverne Wachtelstubb«, zurückkehren, bevor ich nicht wenigstens noch einen weiteren Jüngling herbeizitiert habe, einen Zeugen einer längst versunkenen, ja zerschlagenen Szene, sicher keinen Protagonisten und Trendsetter, lediglich einen schlichten Mitläufer, der trotzdem sehr eindringlich davon zu berichten weiß, wie alles anfing, den gescheiterten Maler und kreuzunglücklichen Kammerherrn des Herzogs von Anhalt-Bernburg, den Memoirenschreiber Wilhelm von Kügelgen.

»Jugenderinnerungen eines Alten Mannes« – so überschreibt der Dreiundfünfzigjährige 1855 seinen Blick zurück, den nicht der Zorn, vielmehr verwunderte, auch verwundete Wehmut schärft. »Die Bedeutung des Altdeutschen Rockes« – so lautet das Kapitel, aus dem ich zitieren möchte. Kügelgen ist Student an der Königlichen Akademie der Künste zu Dresden, vom Zeichensaal ist er in den Gipssaal aufgestiegen, er wird auch in einen außerhalb der Akademie wirkenden »Künstlerverein« aufgenommen, »eine ganz löbliche, die Zwecke der Akademie nur fördernde Gesellschaft«, die allerdings nicht »dem Mißtrauen der akademischen Behörden« entging, ein Mißtrauen, welches nicht zuletzt folgende Ursache hat: »Auch war nicht zu leugnen, daß einige von uns altdeutsche Röcke trugen, woraus man auf politische Tendenzen schließen mochte ...«

Wir schreiben das Jahr 1819, sechsunddreißig Jahre später erinnert sich der Kammerherr: »Es war allerdings ein wunderlicher Geist, der damals in den Köpfen der jungen Leute spukte, und daß auch der meinige davon nicht unberührt geblieben, ist bereits gemeldet worden. Ebenso wie vordem auf der Schule schwärmte ich auch jetzt noch für Rückbildung des Vaterlandes zu seiner Vorzeit, namentlich zu deren traditionellen Tugenden der Ehrlichkeit und Treue, des Glaubens, der Tapferkeit und Keuschheit, und da ich diese Eigenschaften an denen zu erkennen glaubte, die sich altdeutsch trugen, so legte auch ich solche Tracht an, um meine Tugend zu bekennen und Gleichgesinnten kenntlicher zu sein.« Nicht alle Kommilitonen freilich sind auch Gleichgesinnte, einer, er heißt Rosa, wendet ein, ihm sei nicht bekannt, daß die Altdeutschen aus grauer Vorzeit »nie getrogen und gelogen hätten, daher er nicht begriffe, wo wir das ungemeine Zutrauen zu unseren Röcken hernähmen«, doch Kügelgen läßt sich nicht beirren, er fährt fort, »vor seinen und aller Leute Augen ganz unbefangen in der lächerlichsten Maskerade umherzulaufen. Ein phantastisches Sammetbarrett auf lang abwallendem Haar, eine kurze, schwarze Schaupe mit breit darübergelegtem Hemdkragen und an einer eisernen Kette zwar kein Schwert, doch einen Dolch, dessen Ebenholzgriff auf silbernem Totenkopf saß – das war mein Aufzug.«

Kleidung also, die nicht einen Stand, sondern – und das ist neu – eine Gesinnung signalisieren soll, Signale, die nicht unbemerkt bleiben: »Als ich so angetan eines Abends über die Brücke ging, da stand im Ausbau eines Pfeilers ein gleichgekleideter Jüngling ... Ich stand und bekannte mich als Maler ... Zutraulich schlang er seinen Arm in meinen, und wir schlenderten miteinander weiter wie gute Brüder. Es war kein Arg unter uns Verkleideten, man traute sich gegenseitig gleich das Beste zu« – die Behörden freilich wittern gleich das Schlimmste, ein Grund zum Eingreifen findet sich, als der Burschenschaftler Sand den Schriftsteller Kotzebue ermordet: »Es fand sich in allen Sälen der Akademie ein Königlicher Befehl ein, die langen Haare, deutschen Röcke und Waffen abzulegen ... Geschoren und im Philisterkleide heimelte ich zwar nun meine gute Mutter wieder an, wagte mich aber kaum noch vor die Haustüre hinaus ... und es vergingen lange Wochen, ehe ich die Leistungen der Polizei an meiner Toilette verschmerzen lernte und meine Unbefangenheit zurückgewann.«

Hier legte der Schreibende eine Pause ein, während der er geistesabwesend einige fliegende Fische auf einen Bierdeckel zeichnete, dann, nachdem er den Gedanken an einen weiteren Ouzo verworfen und stattdessen einen Korn bestellt hatte, fuhr er fort:

Maskerade – belassen wir es bei diesem Spotlight auf die Szene von 1819. Eine detaillierte Entstehungsgeschichte des Altdeutschen Rockes würde weit führen, zu weit: da müßten nicht nur die Künstlerphantasien der Lukasbündler und Nazarener Erwähnung finden, sondern auch unterschiedlichste andere Jugendbeweger und Jugendbewegungen, Ernst Moritz Arndt und Turnvater Jahn, die Lützower Jäger und die Burschenschaftler; eine Wirkungsgeschichte der langen Haare – »alla Nazarena« nannte man diesen Putz einst, Jesus, vor allem aber Albrecht Dürers Selbstportrait en face hatten Pate gestanden – eine solche Wirkungsgeschichte also würde uns mit fast verdächtiger Geschwindigkeit in die jüngere Gegenwart fortreißen und uns fast allzu offensichtliche Parallelen aufnötigen: »Laßt Bauarbeiter ruhig schaffen, kein Geld für langbehaarte Affen« – mit diesem Transparent protestierten die Philister von 1968 gegen die sich gerade erst formierende Studentenbewegung – lassen wir das, halten wir stattdessen lediglich fest, daß bis in unsere Tage Kunstjünger immer dann als erste zur Stelle waren, wenn es darum ging, den riesigen Fundus der Weltmoden und Zeitstile zu plündern, sich als Apachen und Altdeutsche, Almbauern und Arbeiter, Seeräuber und Techniker zu verkleiden, selten allerdings ganz stilrein, so daß das mixtum compositum aus all den vieldeutigen Hin- und Verweisen schließlich stets eine eindeutige Summe ergab: Typisch Künstler. Ergab, denn – und endlich rundet sich wenigstens dieser Bogen – es gibt ihn nicht mehr, den typischen Künstler, er hat sich auf ebenso vertrackte wie zwangsläufige Weise selbst beseitigt, indem er sich, je länger desto schamloser, selbst zum Thema wurde. Jahrhundertelang hatten die Künstler dem Grau in Grau verfestigten Lebens glänzende Inbilder ungebundenen Daseins entgegengehalten, das südliche Bettelkind und den nördlichen Wildschütz, den röhrenden Hirsch und die lockende Zigeunerin, den traurigen Clown und den lachenden Mönch bei der Weinprobe – was Wunder, wenn die Betrachter den Erfindern solcher Wunschbilder eben jene Qualitäten zuschrieben, die sie feierten. Mußte nicht der, der derart lockende Zigeunerinnen darzustellen wußte, selber etwas vom Zigeuner haben? Und – unter uns – auch etwas mit Zigeunerinnen? Lebte nicht der, der grenzenlose Ferne beschwor, selber fern von allen Begrenzungen?

Eine Unterstellung, die die Künstler nicht müde wurden zu unterstützen. Durch Darstellungen des Künstlerlebens, da mag der Hinweis auf Henri Murgers Roman »Scènes de la vie de bohème« genügen, und dadurch, daß sie mit Fleiß zu Künstlerdarstellern wurden, zu Fürsten in Lumpen und Samt, zu Ausrichtern von Künstlerfesten in zugigen Ateliers und mitten in der Münchener Innenstadt hochgezogenen florentinischen Villen, zu verrückten Wracks und entrückten Sinnstiftern, zu Projektionen also, deren Wirkung um so suggestiver war, je entschiedener sie den Künstler nur lebten, ohne den verkörperten Begriff durch zwangsläufig unreine weil materialisierte Kunstwerke zu trüben. Nicht lange, und auch die künstlerische Lebensführung konnte entfallen, der Aufzug bereits reichte aus, um irgend eine irgendwie kreative Nichtetabliertheit zu belegen: der »Künstler« erwies sich als eine der wirkungsvollsten, jedenfalls folgenreichsten Erfindungen der Künstler, so erfolgreich, daß er verschwand, aufgehoben durch die und in der Menge immer abenteuerlicherer Typen, die seit nunmehr zwanzig Jahren zur ständig zunehmenden Buntheit unseres ständig genormteren Lebens beitragen.

Der Schreibende hielt inne, da eine lärmende Corona dabei war, sich am Nachbartisch niederzulassen, dann, nachdem er gedankenvoll den Korn getrunken hatte, fuhr er fort:

Spätestens an dieser Stelle wird es sich nicht vermeiden lassen, furchtlos zwei Fragen anzugehen, die Ihnen, scharfsinnige Freundin, sicherlich bereits seit langem auf den Lippen liegen. Die eine will ich selber formulieren: Ob denn die Künstler angesichts all der »Künstler« überhaupt noch vonnöten seien? Die zweite Frage aber überlasse ich einem Gesprächs- und Briefpartner, einem scharfzüngigen Herrn, der allerdings den Kern meiner Ausführungen in beklagenswerter Weise – doch davon später, hören wir ihn zunächst einmal an: »Unser Frühstücksgespräch über die durchgängige Verhäßlichung der westlichen Welt will mir nicht aus dem Kopf, vor allem Ihre Ausführung, daß letztlich die Künstler und Intellektuellen die Schuld tragen ... Übrigens merkt man jetzt ja auch in der Werbung ein ganz anderes Sprachgefühl: ein Spielwarenladen heißt hier ›Pic-Asso‹, oder die Rätselseite im ›Stern‹ ›Denk-Bar‹. Vielleicht sind daran James Joyce und Arno Schmidt schuld?«

Zur ersten Frage rasch ein vorläufiges Ja, Ja und nochmals Ja, zumindest ich brauche die Künstler immer noch, warum, das hoffe ich beim bereits angekündigten Blick auf die allerletzten Abgründigkeiten der »Taverne Wachtelstubb« beweisen zu können. Nicht ganz so einfach will ich es mir bei der zweiten Frage machen, obwohl die vorgerückte Zeit und der ständig unruhiger werdende Ort mich zu einer vereinfachenden Antwort zwingen. Lassen wir also die möglichen Folgen der Joyce & Schmidt beiseite, so aufschlußreich allein eine Aufzählung solcher Sprachspiele sein mag, »schuhverlässig« fällt mir da ein (aus einer Schuhwerbung) oder »Rad Schlag« (so nennt sich ein wie immer alternatives Fahrradgeschäft), beschränken wir uns auf die der Frage impliziten Wertungen

»Verhäßlichung« und »Schuld«. Da nun fühle ich mich zutiefst mißverstanden, obwohl ich einräumen muß, bei jenem Frühstücksgespräch nicht ganz unpolemisch argumentiert und deduziert zu haben: das Gespräch fand im Speisesaal eines Kleinstadthotels statt und drehte sich um Mobiliar und Wandschmuck, die in der Tat die absonderlichsten Mischungen althergebrachter Gemütswerte und moderner, ganz der kühnen Form und der absoluten Farbe verpflichteter Ungemütlichkeiten aufwiesen – dennoch: Nein, Nein und nochmals Nein, nicht um Bewertung ging und geht es mir, sondern um Beschreibung. Zwar schließe auch ich mit Goethe von großen Wirkungen auf große Ursachen, doch selbst beim Aufspüren der Ursachen möchte ich mich auf das Benennen beschränken, zu sehr fühle ich mich als Täter und Opfer in diese seltsamen Prozesse verstrickt, als daß ich es vermöchte, auch noch als Richter aufzutreten.

Hier glaubte der Schreibende einen sehr großen Schluck Wein verdient zu haben, den er denn auch trank, um sogleich fortzufahren:

Da wir gerade beim Fragenstellen sind, möchte ich flink noch eine dritte vom Tisch wischen, bevor Sie, einfallsreiche Freundin, überhaupt auf die Idee kommen, sie mir aufzutischen: Ob nicht das ganze diffuse Bedeutungsstiftungsgeschäft mittlerweile den Besitzer gewechselt habe, ob es nicht bereits vollständig in die Hände der schon erwähnten Werber übergegangen sei, deren Aufgabe ja schließlich auch darin besteht, der oft trostlosen Endlichkeit der Produkte wenigstens den Schein eines unendlichen Scheins zu verleihen –? Gelingen diesen Werbern nicht immer wieder äußerst verstörende Bilder, undeutliche Phantasien, die den Vergleich mit der Vieldeutigkeit des Kunstwerks nicht zu scheuen brauchen? Ihnen als Bewohnerin Berlins wird die Werbung der Binding-Brauerei für ihr »Römer Pils« möglicherweise unbekannt sein, lassen Sie mich daher eines der in Frankfurt ausgehängten Großplakate beschreiben: da ist eine weithingestreckte, von alpenhaften Bergen abgeschlossene Landschaft gemalt, ein Wildbach rauscht quer durchs Bild auf den Betrachter zu, den Mittelpunkt aber bilden drei junge Männer – an ihrer Kleidung als Römer zu erkennen –, mit Standarten in der Hand – an ihrer Aufschrift als Binding-Standarten zu erkennen –, zu Pferde – an ihrer Stämmigkeit als Brauereipferde zu erkennen. Im Himmel die Schrift: »Mit der kraftvollen Würze«; von unten ins Bild ragend: Zwei Hände mit vollem Bierglas und betauter Bierflasche, darauf das Etikett »Binding Römer Pils.« Ein kühnes Bild, eine höchst ungewohnte Botschaft – hatten doch die Römer nicht das Bier, sondern den Wein über die Alpen gebracht und in unseren Breiten heimisch gemacht –, rasch aber reduziert sich die vermeintliche Erfindung auf eine geradezu peinliche Geschichts-, Sinn- und Wortklitterung: denn nicht die Römer hatten ursprünglich bei der Namensgebung des »Römer Pils« Pate gestanden, sondern der Frankfurter Römer, das

Rathaus der Stadt, die Bierrömer sind somit nichts weiter als ein optischer Kalauer, verschnitten mit den gängigen Reizbildern und Nostalgien, Natur und Pferde, nichts Neues also, ebenso wenig wie der in sich gekehrte Marlboro-Cowboy, der sich unschwer auf James Fennimore Coopers einsamen Waldläufer Natty Bumppo zurückführen läßt, oder die Dash-Waschfrauen, bei denen immer noch die Heldenmütter bürgerlicher Rührstücke durchschimmern.

Nun aber genug der unterstellten Fragen, wenden wir uns endlich den so oft schon versprochenen letzten Dingen zu, jenen Rätseln an den Wänden der »Taverne Wachtelstubb«, die zugleich ein sehr später, nun schon völlig sinnentleerter Nachhall lange zurückliegender Künstler-Findungen sind als auch ein Beweis dafür, daß die Künstler nicht ablassen dürfen, ständig neue Funde zu machen. Da hängt beispielsweise eine Handbürste an der Wand. Keine irgendwie geadelte Handbürste – nichts deutet hin auf Folklore, hohes Alter oder absonderliche Handwerkskunst, es ist eine Bürste, sonst nichts, eine, wie sie in jedem Haushalt zu finden ist: Borsten, ovales Holz, ein quer zum Oval laufendes Band, das der bürstenden Hand Halt verleiht. Oder, daneben, der Einkaufsbeutel. Aus einem beliebigen, kleingewürfelten Stoff, ein Einkaufsbeutel wie er zu tausenden – genug. Sie, erfahrene Freundin, kennen diese Beutel, Sie werden auch die Frage erahnen, die sich mir aufdrängt: Was um Himmels willen suchen Bürste und Einkaufsbeutel an der pseudorustikalen Wand eines griechischen Lokals?

Nun, ich glaube es zu wissen. Nicht weit von der Handbürste hängt eine andere, mit Metallzacken, eine, die wohl einmal zum Pferdestriegeln benutzt wurde. Und auch zum Einkaufsbeutel findet sich ein Pendant, ich erwähnte ja bereits die gewebte griechische Tasche –: im Kopf des wandschmuckbesessenen Wirtes muß sich so etwas wie galoppierende Nostalgisierung ereignet haben, ihm verklärt sich offenbar alles, nicht nur das Ausrangierte und Weithergeholte, sondern jedweder Gegenstand des täglichen Gebrauchs, sofern er nur eine äußerliche Ähnlichkeit mit jenen Dingen aufweist, die bereits als Sinn- und Empfindungsträger klassifiziert und kanonisiert worden sind.

Doch diese Herleitung kann lediglich die Anwesenheit der erwähnten Gegenstände an der Wand der »Taverne Wachtelstubb« erklären, nicht aber die stille Freude, den lauteren ästhetischen Genuß, den mir dieses offensichtlich unsinnige Arrangement bereitet. Genuß, jawohl, natürlich vermittelten Genuß, und natürlich nicht via Natur sondern qua Kunst geschaffene Genußmöglichkeit, da ich –

Hier unterbrach sich der Schreibende. Ich, ich, ich, dachte er; immer ich, seufzte er mit einem Blick auf die immer lauter werdenden Nachbarn, dann fuhr er fort:

»Die Jugend hat nur Genie, und nur die Jugend hat Genie« – wer immer das gesagt hat, recht hat er. Ganze dreiundzwanzig Jahre wurde der umgetriebene Isidore Ducasse alias Lautréamont alt, bereits 1870 erlag er der

Schwindsucht. Die knapp bemessene Zeit aber reichte aus, ihn auf jenen hochexplosiven Gedanken kommen zu lassen, der fünfzig Jahre später eine neue, beunruhigende Ästhetik, die der Surrealisten, und weitere sechzig Jahre danach interesseloses Wohlgefallen, meines, zur Folge haben sollte: »Schön ist das zufällige Zusammentreffen einer Nähmaschine und eines Regenschirms auf einem Operationstisch.« Ebenso schön wie das zufällige Zusammentreffen eines Einkaufsbeutels und einer Handbürste an der Tavernenwand oder wie jenes Urinoir, das der junge Marcel Duchamp 1917 zum Kunstwerk erhob – auch so eine glänzende Idee: Um den natürlichen Endpunkt allen Pipis zum Gegenstand anscheinend unendlicher Reflexion zu machen – bis heute jedenfalls ist sie zu keinem abschließenden Ergebnis gelangt –, genügte es, das Keramikobjekt für eine Kunstausstellung der New Yorker Independents einzureichen.

Ein schockierender Vorgang, damals, ein überaus einleuchtender Gedanke, später, ein Quell des Behagens, heute. Denn das ist ja das Schöne an der Kunst: indem sie dauernd das Weite sucht, stellt sie – sofern sie es findet – zugleich andauernd fest. So beunruhigend immer ihre Funde den Zeitgenossen scheinen mögen, so sehr beruhigt es bereits die Folgegeneration, ein weiteres Segment des namenlos wuchernden Werdens und Seins eindeutig benennen zu können: »In einem Lokal wie von Hopper saß ein Gast wie von Dix und blickte auf den sich langsam verfärbenden Abendhimmel. ›Wie von Caspar David Friedrich‹, dachte er . . .«

Der Schreibende hielt inne und blickte gedankenvoll auf die lärmende Runde am Nebentisch. Wie von wem waren die eigentlich? Ihm fiel niemand ein, und er spürte, wie er das bedauerte. Zugleich belehrte ihn ein Blick auf die Uhr, daß die Zeit fortgeschritten war, bald würde das Lokal schließen, rasch nutzte er die Gelegenheit, einen letzten Wein kommen zu lassen, entschieden setzte er zum Endspurt an:

Die getrockneten Blutwürste des Joseph Beuys waren der Anlaß Ihrer Frage und der Ausgangspunkt meiner Überlegungen. »Alles hat ein Ende, nur die Wurst hat zwei«, sagt der Volksmund, lassen Sie mich, strapazierte Freundin, auch mit der Wurst enden oder doch mit ihrem sehr beuysmäßigen Pendant, das rechts von mir auf dem hohen Sims der »Taverne Wachtelstubb« liegt: ein Haufen undefinierbaren Gelumps, flankiert von den beiden bereits angeführten Hinweisen auf griechische Klassik, von Amphora und Heros. Gerne beschriebe ich, was ich da sehe, doch der Versuch schon muß scheitern, zu unbestimmt ist, was sich da auf dem Sims ausbreitet – verrostete Eisenteile? Verrottetes Holz? Einst offensichtlich gebrauchtes Material – doch zu welchem Zweck? Da nun ist keine Geschichte, keine Herkunft mehr auszumachen, in seiner irritierenden Undeutlichkeit bildet dieser Haufen den reinen Gegensatz zur verstörenden Eindeutigkeit der Handbürste, und doch sind beide, sofern man sie als Kunstschönes begreift, keine Gegensätze, lediglich zwei Enden ein und derselben Kunstwurst, zwei

Zipfel, von denen Beuys seit Jahren mit Erfolg seine Werke runterschneidet:

»Schläft ein Lied in allen Dingen,
Die da träumen fort und fort,
Und die Welt hebt an zu singen,
Triffst du nur das Zauberwort.«

Dinge und Zauberwort – Beuys kennt und trifft deren viele: Fett und Filz, Kupfer und Flügel, Schlitten und Batterie, Hase und Basalt – wo immer er in träumender Absichtslosigkeit hingreift, packt er geradewegs den Zeitgeist am Schopf, wo immer er mit traumwandlerischer Sicherheit hintritt, wächst aus seinen Spuren ein Heer von Schülern, Deutern und Käufern.

»Hoch oben auf dem Berge, da steht ein Karton, da machen die Zwerge aus Scheiße Bonbon« – einen solchen Karton hat die Muse des Herrn Beuys einst ihrem Schützling in die Wiege gelegt, und der entnimmt ihm seitdem pausenlos die begehrten Leckereien, eine immer tief-, hinter-, und mehrsinniger als die andere. Gerade das, was gar nichts mehr oder noch gar nichts bedeutet, macht Sinn, sofern es – wenn man nicht alles selber macht! – auch auf einen sinnsuchenden und das heißt zugleich sinnstiftenden Betrachter trifft, aber so war es ja schon immer: »Wär nicht das Auge sonnenhaft, die Sonne würd' es nicht erblicken.«

Der Schreibende unterbrach sein Schreiben, um dankend den letzten Wein entgegenzunehmen, er trank zügig und fuhr rasch fort:

»Eine schmutzige Phantasie ist ein ewiges Fest« – wie erst die von den leuchtenden Werken der Kunst erfüllte und randvoll aufgeladene Einbildungskraft! Was der alles auffällt! Was der alles einfällt! Wieviel Genuß ihr das Entziffern bereitet, wieviel Freude das reine Anschaun der Chiffren! Wie sie ständig das Aroma des Geschichtlichen aus allem scheinbar Natürlichen herausschmeckt und wie sich ihr zugleich alles nur trüb Geschichtliche unter der Hand wieder in ungetrübte Natur verwandelt! Wie ihr noch der letzte Spargel zu einem Manet, die erste Kartoffel zu einem van Gogh, die frische Auster zu einem Matisse, die getrocknete Blutwurst zu einem Beuys wird, aber auch umgekehrt jedweder Manet zum Spargel, jeder van Gogh zur Kartoffel, jeder Matisse zur Auster und jeder Beuys zur Blutwurst –: »der Mensch lebt nicht von Brot allein«.

Der Mensch – es wurde Zeit, daß dieses Wort fiel. Denn schon hat sich die »Taverne Wachtelstubb« bis auf einige Unentwegte geleert, schon beginnen die Kellner damit, die Tischtücher abzudecken und die Stühle auf die Tische zu stellen, bald werden die bereits wartenden Frauen mit Besen und Scheuertüchern für wiederhergestellte Sauberkeit und neuen Glanz sorgen. Gleich werde ich meine Blätter, auf denen ich eine so wortreiche Exegese dieses Lokals versucht habe, zusammenklauben, wann, wer weiß – vielleicht morgen schon – wird ein anderer Mensch an meinem Platz sitzen, sich behaglich umschauen und seinen Eindruck der ihn umgebenden Ding-, Reiz-, Bild- und Sinnflut in der zufriedenen Feststellung zusammenfassen: »Nett hier. Typisch griechisch.« Und hätte er damit nicht mehr über Macht und Trost der Kunst ausgesagt, als ich es je vermocht hätte?

Der Schreibende blickte auf. Schon kassierte der Ober am Nebentisch.

Nein, nicht wahr?

schrieb er hastig, während er zugleich das Portemonnaie aus der Jackentasche zog.

Oder etwa doch?

setzte er hinzu, indes der Raum der »Taverne Wachtelstubb« plötzlich im Halbdunkel versank, da der Wirt die Kutscherlampen ausgeschaltet hatte. Doch noch erhellte eine flackernde Kerze seinen Tisch, noch versandte der Kunstkandelaber Marke »Tiger« sein unstet rötliches Licht, noch war der Ober am Nebentisch beschäftigt. Eilig fuhr er fort:

Sie, schöne Freundin, kennen sicher Mörikes Gedicht »Auf eine Lampe«, jenes Kunstwerk über ein Kunstwerk, das mit den rätselhaften Schlußzeilen endet

»Ein Kunstgebild der echten Art. Wer achtet sein?
Was aber schön ist, selig scheint es in ihm selbst.«

Rätselhaft, da der Doppelsinn des Wortes »scheint« den Interpreten vor eine schier unlösbare Aufgabe stellt. Welches Scheinen ist gemeint? Das des täuschenden

Als ob oder das des erhellenden Lichts? Dabei ist eine Antwort doch so einfach, sie lautet natürlich –

doch nun ging nichts mehr, da sich auch der Nebentisch mittlerweile geleert und der Ober mit leidendem Gesicht neben dem Schreibenden Aufstellung genommen hatte. Der beeilte sich, seine Rechnung zu begleichen, flink stopfte er seine Papiere in eine Umhängetasche, fast ein wenig zu schwungvoll warf er sie über die Schulter, in tadelloser Haltung durchquerte er die Gaststube, mit einem Ruck öffnete er die Türe, dann trat er aufatmend in die Dunkelheit.

RUHM

WAHRHAFTIGER BERICHT ÜBER DAS BERÜHMTWERDEN

Seit jeher hatte G ein gespaltenes Verhältnis zum Ruhm gehabt. Einerseits war er ihm weder nachgejagt, noch hatte er jemals damit gerechnet, von ihm eingeholt zu werden, andererseits waren ihm jene Menschen ein ständiges Rätsel geblieben, welche sich offensichtlich nicht dazu verpflichtet fühlten, in irgendetwas über den begrenzten Kreis und die Endlichkeit ihrer Existenz hinaus zu wirken und weiterzuleben, wobei mit Irgendetwas nur Werke gemeint sein konnten, nicht etwa Imperien, Taten, Stiftungen, Kinder oder sonstige Surrogate, und mit Werken nur Werke der Kunst.

Obwohl G im Kunstwerk auch den Künstler ehrte, obwohl er also hätte wissen müssen, daß das berühmte Werk nicht zuletzt dazu beiträgt, den Künstler selber berühmt zu machen, sah er doch die erhoffte Wirkung seiner Werke ganz anders. Sie sollten den Blick nicht auf ihn lenken, sondern ihn vor den Blicken verbergen, sich gleichsam zwischen ihn und die Welt stellen, als gleißendes, kunstvoll gehämmertes Schutzschild, das den Betrachter zugleich anlockte und blendete.

Daß dieser die Frage stellen könnte, wer denn hinter dieser prächtigen Wehr sich verberge, erwartete G so wenig, wie er es insgeheim – doch so insgeheim, daß er es sich selber nicht eingestand – ersehnte. Erkannt zu werden, in seiner ganzen Schäbigkeit erkannt, im schmutzigen Zentrum der strahlenden Palisaden aufgestöbert und dann trotzdem, eben als Erbauer all der Herrlichkeiten geehrt zu werden – diese uneingestandene Hoffnung war es wohl, die G seit seinem vierzehnten Lebensjahr dazu angetrieben hatte, Werk auf Werk zu schaffen, wobei er, was den Charakter dieser Werke betraf, mit zunehmendem Alter zunehmend wurschtiger wurde und – doch wir greifen vor.

Wir greifen auch daneben. Denn nicht um die tiefen psychologischen oder die breiten soziokulturellen Ursachen des Berühmtwerdenwollens soll es in diesem Bericht gehen, sondern um den von den Berühmten selber – und wer, wenn nicht sie allein, könnten darüber berichten – seltsamerweise niemals zufriedenstellend beschriebenen Vorgang des Berühmtwerdens, über den denn auch eine Menge reichlich schiefer Meinungen im Umlauf sind.

So jedenfalls schien es G, wenn er die Geschichte seines eigenen Berühmtwerdens mit dem verglich, was ihm die Berühmtgewordenen oder deren Chronisten darüber mitgeteilt hatten.

Stets nämlich waren die Berühmten über Nacht oder aber – und das schien die Regel – erst nach unablässigem Ringen trotz des Widerstandes einer gedankenlosen Mitwelt berühmt geworden – nichts dergleichen war G widerfahren. Stattdessen hatte er ein ständiges Wechselbad von Zuspruch und Kränkung erlebt, das unterm Strich alles andere war als landläufiger Ruhm oder auch nur das herkömmliche Berühmtwerden –

sofern ein Wechselbad unterm Strich überhaupt etwas sein kann. Doch wir lügen ein wenig.

Wir lügen nicht einmal, wir sagen lediglich nicht die Wahrheit. Die Wahrheit aber ist, daß G mit Eichhörnchenfleiß und über Jahre hinweg alle Ruhmesindizien zusammengetragen hatte, ohne jemals einen derart kompakten Haufen auftürmen zu können, daß es überhaupt den Versuch gelohnt hätte, ihn mit Hilfe der tradierten Ruhmesparameter zu vermessen. Irgendwie fiel der Haufen immer wieder in sich zusammen, breitete er sich, statt in die Höhe zu wachsen, kullernd in eine nicht mehr nachmeßbare Fläche aus, bestand er eigentlich nur aus unterschiedlich großen Nüssen, denen jeder erkennbare Zusammenhang untereinander fehlte, während einzig die Leere zwischen ihnen den unzweifelhaften Haupteindruck des so zufällig gesprenkelten Tableaus ausmachte. Doch wir sollten uns wohl weniger verschwommen ausdrücken.

Geht aber nicht. Die Verschwommenheit nämlich liegt in der Natur der Sache, des Ruhmes also. Denn es gibt ja nicht nur einen Ruhm, sondern viele Ruhme, und für jeden gibt es eine eigene Meßlatte, ja es kommt zuallererst auf die Wahl des Maßstabes an, will man den jeweiligen Ruhm überhaupt dingfest machen. Legte man beispielsweise die Latte Weltruhm an beispielsweise Gabriele Wohmann an – was bliebe? Eine Meßlatte. Und doch ist Gabriele Wohmann berühmt. Vor der Meßlatte »Deutschland-Ruhm« würde sich ihre Statur bereits deutlich abzeichnen, vor dem Maßstab »Darmstadt-Ruhm« geradezu überlebensgroß. Legte man andererseits letztere Latte an jemanden wie beispielsweise Kafka, man würde ebenfalls nur eine Meßlatte erblicken, da die Statur des Vermessenen sich diesem Maßstab gulliverhaft entzöge. Natürlich ist Kafka auch, aber eben nicht nur oder vorzugsweise in Darmstadt berühmt, sein flächendeckender Ruhm nimmt Darmstadt einfach so mit, und natürlich ist es äußerst wohlfeil, so zu tun, als gelte der Darmstadt-Ruhm nichts, ja als sei er gar die kleinstmögliche Ruhm-Meßeinheit. Gerade von Darmstadt aus – oder war es Mannheim? – hat sich der Ruhm so manches tüchtigen Mannes strahlend verbreitet, beispielsweise der von – so hieß er doch? – Stamitz, der – das tat er doch? – irgendwas mit Musik zu tun hatte. Doch wir verlieren uns in Vermutungen.

Ob wir uns allerdings in Gewißheiten finden würden? In welchen Gewißheiten denn? Auf halbwegs sicherem Boden bewegte sich G stets nur dann, wenn es darum ging, den Ruhm anderer einzuschätzen, wobei ihm freilich auch in diesem Falle der Begriff »Ruhm« unter den Händen zerbröselte und sich auflöste in »Bekanntheitsgrad«, »Prominenz«, »Berühmtheit« und in jene bereits erwähnten Ruhme, die wiederum nicht nur lokal – sprich vertikal: vom Dorf- bis zum Weltruhm – gestaffelt waren, sondern auch horizontal unterschiedliche Ubiquität und schwer einschätzbaren Glanz aufwiesen. Nicht nur das Leben überhaupt, auch und vor allem das geistige und das G allein interessierende künstlerische Leben zerfiel ja in vielfältigste Partialbereiche, die völlig selbständig nebeneinander herlebten. Schon in der Bildenden Kunst, in welcher G sich einigermaßen auszukennen glaubte, kannte er nur die wenigsten all jener Namen, die ihm im Rahmen der, beispielsweise, documenta präsentiert wurden, zugleich aber wußte er, daß diese Auswahl keineswegs zufällig, sondern kraft der verbissen erarbeiteten Eingeweihtheit der Auswählenden zustande gekommen war, einer Eingeweihtheit, die ihn an die Esoterik der Cool Jazz Fans erinnerte, an lange, langweilige Abende, die er in den 50er Jahren damit verbracht hatte, nichtendenwollenden Platten zuzuhören, stets vom Einnicken bedroht und stets bereit, auf das beiläufige »Jetzt steigt Chet wieder ein« der Gastgeberin mit einem angespannt zustimmenden Gesichtsausdruck zu reagieren.

Dieser Esoterik nun, diesem Insider- und Partialruhm, stand der Medien- und Totalruhm gegenüber. Hätte der junge G wählen müssen, er hätte sich natürlich für ersteren entschieden. Älter geworden dachte er anders. Denn erstens war er nie vor die Wahl gestellt worden, und zweitens hatte er zu oft miterlebt, wie der eine Ruhm nahtlos in den anderen umgeschlagen war, wie gerade die radikalsten Gallionsfiguren der Esoteriker sich als die allerpopulärsten Gestalten des öffentlichen Kulturbewußtseins entpuppt hatten, so wie ja auch die prächtigsten Schmetterlinge gerade den unscheinbarsten Raupen entschlüpfen. Doch wir sollten uns wohl deutlicher ausdrücken.

Noch deutlicher? Als ob die Karrieren der Beckett oder Warhol oder Beuys nicht deutlich genug bebilderten, wovon hier die Rede ist. Obwohl ihr breiter Ruhm sicherlich auf Mißverständnissen beruhte, auf geradezu verfälschenden Verkürzungen und markenartikelähnlichen Etiketten – Beckett: Mülleimer, Warhol: Suppendosen, Beuys: Hut –, glühte selbst in der Asche dieser Reduzierungen noch etwas von dem Feuer, das diese Künstler in ihren Anfangszeiten an den herkömmlichen Kunstbegriff und die überkommenen Kunstgattungen gelegt hatten. So jedenfalls sah es G, weshalb er sich auch stets geweigert hatte, dem Verdikt jener zuzustimmen, die vom weltweiten Ruhm eines Künstlers auf dessen substanzielle Verlogenheit, weil Vermarktbarkeit schlossen. Da hielt er es denn doch lieber mit dem Adorno-Wort »Es gibt kein richtiges Leben im Falschen«, zumal er sich der Tatsache wohl bewußt war, daß auch er das tagtäglich ausufernde und von Jahr zu Jahr verwirrendere kulturelle und künstlerische Leben samt dem Lebenswerk seiner Protagonisten lediglich dank einiger Faust- und Merksätze, sprich: dank unstatthafter Vergröberungen, noch halbwegs im Griff behielt: so verkürzte sich ihm Gertrude Stein zu »Eine Rose ist eine Rose ist eine Rose«, Wittgenstein zu »Wovon man nicht sprechen kann, darüber muß man schweigen« und Theodor W. Adorno zu »Es gibt kein richtiges Leben im falschen«. Doch zu welcher Adlerschau sind wir im Begriffe anzusetzen? Hatten wir uns nicht vorgenommen, die Radieschen des Ruhmes von unten anzugucken?

Na, nicht ganz von unten. Aber doch wenigstens aus Radieschenhöhe, aus jenem Blickwinkel also, aus welchem noch gar nicht auszumachen ist, ob das, was da grünt, einst zur Eiche heranwachsen wird oder lediglich ein weiteres, wenn auch strammes Radieschen bleibt. Die Rede ist von – beispielsweise – Ausstellungseröffnungen in ungeheizten, weil armen Galerien. Vor feuchten Wänden wellen sich die so feurig bemalten Leinwände. Der ausstellende Maler G, der bereits einige Weinchen sichergestellt hat, unterhält sich angeregt mit dem Galeristen und ein, zwei Jugendfreunden, die so freundlich gewesen sind, den Eröffnungstermin »19 Uhr« wörtlich zu nehmen. Ein heiteres Bild des Friedens also, hätten nicht alle jenen etwas flackernd abschweifenden Blick, welcher blitzschnell jeden der neu Eintretenden taxiert. Lediglich ein weiterer Freund? Der kauft nichts. Oder etwa ein Fremder? Der könnte was kaufen. Ein Kritiker gar? Der würde zwar nichts kaufen, könnte aber was schreiben, was möglicherweise weitere Fremde – ach, doch nur wieder ein Freund!

Was aber läßt die Blicke so flackern? Was legt sich wie Mehltau auf die vorgebliche Munterkeit? Was untermalt alle Gespräche mit jenem so merkwürdig klagenden Unterton?

Es ist die erstmals von Marx gehörte Klage der Waren. Es ist das Gejammer der Bilder über das, was seit Beginn der Eröffnung mit ihnen vorgeht. Vor ein paar Stunden noch waren sie durch und durch ästhetische Hervorbringungen, Objekte interesselosen Wohl- oder Mißgefallens, jedenfalls Stimmen im Chor reiner Geister.

Jetzt sind sie Gefallene, Opfer eines nichtendenwollenden Höllensturzes. Nun harren sie des Erlösers. Nun schlägt äußerste Keuschheit in äußerste Schamlosigkeit um. Nun verkümmert die dem Kunstwerk eigene vieldeutige Aussage zu einer eindeutig kläglichen Botschaft: Kauf mich! Nicht, daß G Geld bräuchte, er lebt nicht von der Malerei. Da er noch keinen Namen hat, sind seine Bilder nicht teuer. Wenn er es wollte, könnte er seine ganze Ausstellung kaufen. Doch damit wäre nichts gewonnen. Einmal aus dem Atelier geholt, müssen die Bilder da durch, durch diese peinigenden Transsubstantiationen, an deren Ende lockend und verheißungsvoll die Heiligsprechung steht: der allseits bestätigte, sich ständig noch steigernde, von jedermann ehrfurchtsvoll verehrte Marktwert oder, besser noch, das endgültige Austreten aus dem Teufelskreislauf, der Einzug ins Museum, die wiedererlangte Unschuld, die Rückgewinnung der reinen Geisterstimme, die, nun erst zu Recht, volltönend sich dem jahrtausendealten Chor der Geretteten vereint. Aber drohen wir nicht vom Thema abzukommen?

Nicht vom Thema, wohl aber von G. Der nämlich hatte gar nicht die Standhaftigkeit besessen, sich als Maler einen Namen zu machen. Der hatte statt des steinigen Weges der Ausstellungen und Ausstellungsbeteiligungen immer häufiger andere, weniger mühsame, weniger beachtete, allerdings auch weniger geachtete Pfade beschritten, um sein Gedanken- und Bildgut unter die Leute zu bringen. Er hatte fast wahllos fast sämtliche Medien mit allen möglichen Hervorbringungen seiner Einbildungskraft beliefert. Das waren zwar auch noch geistige Produkte gewesen, nicht jedoch reiner Geist. Sie wurden nicht zur Ware, sie waren es von vornherein. Da wurde erst ein Preis ausgemacht und dann geliefert. Das strebte nicht durch die Nacht des Marktes zum Licht der Erlösung; das mußte gar nicht erlöst werden, da es nie gefallen war. Das war, da es sich von vornherein auf den Schmutz der Welt eingelassen hatte, eine saubere Sache.

So jedenfalls rechtfertigte G seine Mitarbeit bei den audiovisuellen Müllschluckermedien. Zumal der Rundfunk hatte es ihm angetan, er wurde nicht müde, ihn zu preisen: »Stellt euch vor – ein Medium, das rund um die Uhr gefüttert werden muß, doch ohne Gedächtnis, ohne Publikum und ohne Wirkung. Was immer du für den Rundfunk schreibst: es wird zu nichts von dem in Beziehung gesetzt, was bisher geschrieben wurde, da sich dessen niemand erinnert. Was immer der Rundfunk von dir sendet, es wird nicht einmal von deinen Freunden wahrgenommen, da niemand eine bestimmte Sendung, jeder lediglich das Radio einschaltet. Reiner Zufall, wenn jemand den Beginn einer Sendung erwischt, unerheblich, ob jemand sich noch den Abspann anhört. Anschließend dreht er ja doch sofort am Skalenknopf, wodurch das, was er soeben gehört hat, sogleich wieder zurücktritt, ein Fetzen Geräusch wird im Flickenteppich der Geräusche, an dem der Apparat rund um die Uhr webt und webt. Welch abgeklärter Geist in den Redaktionsstuben der Sendeanstalten! Welch tiefe Einsicht in die gänzliche Unerheblichkeit des eigenen Tuns!

Kein Wettbewerb um Einschaltquoten, Sendezeiten oder Spitzengagen vergiftet dort die Atmosphäre, kein Blumentopf und kein Lorbeer sind zu gewinnen – welch reine Welt!« So begeisterte sich G und hatte es dennoch nicht auf Dauer in den reinen Gefilden der gehobenen Funk-Unterhaltung ausgehalten. War hinabgestiegen, hatte sich mehr und mehr im sumpfigen Gebiet der Printmedien getummelt, war nicht einmal davor zurückgeschreckt, Bücher zu veröffentlichen, und hatte sich unversehens wieder vor der dornigen Aufgabe gesehen, berühmt werden zu müssen. Aber übertreiben wir da nicht etwas?

Als ob dieses wolkige Thema anders Kontur gewänne. Also gleich weiter: Was ist denn künstlerischer Ruhm, wenn nicht der Glanz des aus seiner Warengestalt erlösten Werks, das seinen Schöpfer dadurch ehrt, daß es auch ihn im Widerschein aufleuchten läßt? Kunstgeschichte, zumindest in dieser Zeit und in diesen Breiten, ist Erfolgsgeschichte. Erfolg aber hatten nur jene Werke, die sich der Furie des Verschwindens zu widersetzen vermochten. Was nicht ging, ging unter und riß seinen Meister gleich mit hinab in den Mahlstrom des Vergessens und der Namenlosigkeit, in jenen Schlund, der um so gewaltiger sog und schlang, je mehr Werke um die Aufmerksamkeit eines immer verstörteren, schlimmer noch: immer deutlicher gelangweilten Publikums warben. Welch schrecklich dissonanter Chor! Da trat ja das jeweilige Stimmchen in Konkurrenz nicht nur zu den Stimmen der nationalen Zeitgenossen oder jenen, die, frei von jeder Erdenschwere, den basso continuo des kulturellen Erbes mitorgeln durften, da drängten auch noch ganze, bisher sträflich vernachlässigte Fremdliteraturen auf die auch so schon brechend volle Bühne. Schwarzafrika! Südamerika! Und was tat sich bitteschön nicht alles auf dem indischen Subkontinent? Hatte nicht dort gerade jemand jenes zeitdurchleuchtende und raumumspannende Epos geschrieben, auf dessen Auftauchen ausgerechnet an jenem Ort alle scheinbar ach so Kundigen so ganz und gar nicht gefaßt gewesen waren?

Und doch hatte es G anfangs keine Mühe bereitet, sich unbemerkt in die allerhintersten Reihen des gewaltigen Sängerheeres einzuschmuggeln. Gerade weil sich dieser Trupp derart zügellos und chaotisch durch die Kulturlandschaft wälzte, konnte allerhand Marketender-, Gaukler- auch Gaunervolk sich ungehindert anschließen. Kurzfristig gelang es sogar ausgesprochenen Scharlatanen, sich an die Spitze des Zuges zu setzen, von einer geblendeten Kritik gefeiert, gaben sie dreist die Richtung, besser: den Grundton an, worauf – aber sollten wir nicht endlich einen endgültigen Versuch unternehmen, uns aus dem Morast der Bilder auf wegsameres Gelände zu retten?

Wem sagen wir das. Klarheit und Deutlichkeit? Aber ja, aber gern! Wäre nur nicht alles so unklar und verworren! Oder liegt da eine Verwechslung vor? Zwischen einer möglicherweise gar nicht existierenden Verworrenheit und Gs zweifellos bestehender Verwirrtheit? Denn verwirrt war er angesichts der literarischen Szene, auch nach Jahren noch. In der bildkünstlerischen Arena hatten Ruhm und materieller Erfolg noch einigermaßen untrennbar zusammengehört – berühmt wurde, wer erfolgreich war, und umgekehrt. Das schaukelte sich gegenseitig hoch: gute Kritiken, steigende Preise, Einladungen zu immer repräsentativeren Ausstellungen, Verkäufe, Nennungen, Stipendien, Professuren, Monographien etc. Da konnten junge Maler, denen es gelungen war, den Zipfel des vorbeirauschenden Zeitgeistes zu erhaschen, fast in einer Saison von Null auf Hundert kommen, aus finsteren Kreuzberger Kellerateliers in die diskret ausgeleuchteten Ausstellungsräume der einschlägigen New Yorker Galerien katapultiert werden. Und auch weniger spektakuläre Karrieren waren doch gekennzeichnet durch angesehenere Ausstellungshäuser, wachsende Käuferscharen und stabileren Marktwert. Wie anders bei den Literaten! Da klafften Medienzuspruch und materieller Ertrag oft derart auseinander, daß es G anfangs schien, der eine schließe den anderen eher aus, als daß er ihn stütze. Besonders Lyriker konnten einer Aufmerksamkeit sicher sein, die in keinem Verhältnis stand zu den niedrigen Auflagen ihrer schmalen Bände. Doch galt das auch für Prosaisten, selbst für als schwierig geltende und deshalb desto eindringlicher gefeierte Romanciers. Nur langsam hatte G begriffen, daß die scheinbar so hinfälligen Veröffentlichungen in Wirklichkeit oft recht breitbrüstige Zugpferde waren, die so einiges nach sich ziehen konnten: honorierte Interviews, Preise, Gastdozenturen, Stipendien und Lesungen. Besonders letztere schienen geradezu so etwas wie eine Börse zu sein, an welcher der spirituelle Marktwert sich in handfesten Notierungen manifestierte: Wollschläger liest nicht unter 600 Mark, war da beispielsweise zu erfahren, Grass nicht unter 1200, auch hörte G von traumhaften Honoraren – 3000 Mark für Sarah Kirsch – und albtraumhaft ausgedehnten Lesereisen – etwa 30mal im Jahr las Chotjewitz. Diesem Mischerfolg, der sich trotz öffentlichen Ruhms fast clandestin in unterschiedlich klingender Münze niederschlug, standen überwältigende öffentliche Erfolge gegenüber, um welche wiederum die Kritik einen Kordon des Schweigens gezogen hatte, allerdings ohne jeden erkennbaren Einfluß auf die Verkaufsziffern der Konsalik, Kishon, Kirst und Konsorten. Und es gab natürlich noch – aber das waren weiße Raben – die Grass, Walser, Handke, diejenigen also, bei denen Kenner und Käufer ausnahmsweise der gleichen Meinung waren: Muß man gelesen haben. In diesen Lichtgestalten fand G jene unio mystica von Kohle und Gloriole wieder, die ihm von der Malerszene her vertraut war, diese Erwählten tauchten gleicherweise in den Bestseller- und Bestenlisten auf, ihre Fotos beherrschten, eingerahmt von spaltenlangen Artikeln, die Frontseiten der Literaturbeilagen ebenso, wie ihre Bücher stapelweise die Ladentische regierten. Natürlich hätte G gerne zu ihnen gehört. Wer wäre das nicht gerne: reich und berühmt; doch anders als im überschaubaren Reich der Malerei gab es auf dem weiten Feld der Literatur nicht den einen Königsweg zu Reichtum und Ruhm, sondern eine Vielzahl von Schleich-, Trampel-, Neben- und Schmuggelpfaden, die überall und nirgends hinführen konnten, zu Lichtungen voll versteckter Schätze ebenso wie in die völlige Irre. Eben diese Unübersichtlichkeit des Geländes aber war es gewesen, welche G immer heftiger von der Malerei weg- und in die Literatur hineingelockt hatte. Lange Zeit hatte er diese halbherzigen Streifzüge auch lediglich als Exkursionen verstanden – eigentlich war er ja kein Literat, nur einer, der sich mal kurz umschaute; und am Wegesrande ein kleines Gedicht oder eine humoristische Betrachtung zu pflücken, das war ja wohl noch erlaubt. Daß all die Blümlein in seinen Händen sich nach und nach zu Sträußchen, ja ganzen Büchern versammelten, nahm G anfangs eher belustigt wahr, und er war auch so ziemlich der einzige, der das wahrnahm, die Öffentlichkeit nämlich – aber wovon reden wir eigentlich?

Na wovon wohl. Vom Berühmtwerden ist die Rede, von jener magischen Verwandlung des häßlichen jungen Entleins in einen prächtigen, erfahrenen Gänserich – aber ach, nicht einmal von diesem Gänsemarsch zu welchem Ruhm auch immer konnte G berichten, eher von einer gänzlich ungeordneten Springprozession, bei der er nach undurchschaubarem Muster mal zwei Schritte vor und einen zurückgewatschelt war, dann wieder einen vor und zwei zurück und so fortan.

In den späten 60er Jahren, im Berliner Lokal »Zwiebelfisch«, war einmal der Wirt mit der Frage an seinen Tisch getreten, ob er der Gernhardt sei. Ja, sei er, warum? Worauf sich der Wirt an einem Schrank zu schaffen gemacht hatte und mit einer Flasche eines sehr ausgefallenen mexikanischen Schnapses zurückgekehrt war. Da, er möge sich bedienen, er sei sein Gast. G hatte sich bedient, etwas verwundert, um hinterher von Freunden zu erfahren, der Wirt sei halt promintengeil, woraus G den einzig möglichen Schluß zog, er selber sei von nun an prominent. War er aber offensichtlich doch nicht, denn der Vorgang hatte sich niemals wiederholt. Weder in anderen Lokalen noch im »Zwiebelfisch« selber, den er in späteren Jahren noch drei, vier Male aufsuchen sollte, war ihm jemals wieder ein Schnaps auf Prominentengrundlage spendiert worden, und er trank doch so gerne Schnaps. Dafür konnte er andere, ähnlich dubiose Erfolge verbuchen. Während eines Tanzfestes, bei dem er wie gewöhnlich nicht tanzte, hatte er einer ihm entfernt bekannten Frau, die gerade dabei war, sich nach kurzer Stärkung wieder machtvoll unter die Tanzenden zu mischen – einfach so, ohne Partner und aus keinem anderen Anlaß als dem, den schönen Körper heftig zu bewegen –, hatte er dieser Frau also, die er gerne noch etwas neben sich am Buffet gewußt hätte, die reichlich klägliche, auf jeden Fall offensichtlich nicht allzu fesselnde Frage zugerufen, sie tanze wohl gern. »Mach ich!« hatte die Antwort gelautet, welcher die Frau, nun schon fast wieder eins mit den anderen, stampfenden Leibern, noch den bemerkenswerten Zusatz angefügt hatte: »Dafür wirst du berühmt.«

Rätselhafte Worte! Wurde G dafür berühmt, daß die Frau gerne tanzte? Oder war sein Berühmtwerden eine

Entschädigung dafür, daß sie sich ihm entzog? Oder sprach aus der Frau gar nicht die Frau, sondern der Weltgeist, der G auf diese Weise zu verstehen geben wollte, er möge sich nicht grämen, wenn andere im Hier und Jetzt prächtig aufglühten, ihm sei dafür, allerdings erst später, um so dauerhafterer Glanz sicher – »dauerhafter denn Erz«? Aber auf die Dauer des Ruhmes war doch gepfiffen, wenn schon das schlichte Berühmtwerden so lange dauerte und außerdem nicht einmal dazu taugte, eine Frau für die Dauer eines Abends an seine Seite zu binden. So räsonnierte G, ohne freilich verhindern zu können, daß er die Worte in seinem Herzen verschloß: »Dafür wirst du berühmt!«

Aber wurde er es denn? Es dauerte lange, bis G begriff, daß der einem schrecklichen Irrtum unterlag, der vermutete, wachsender Ruhm bedeute auch wachsende Unabhängigkeit von den und wachsende Macht über die Anderen. Umgekehrt wurde ein Schuh daraus: Der Berühmtwerdende geriet, vorerst zumindest, in eine immer größere Abhängigkeit. Er selber konnte seinen dereinstigen Ruhm für abgemacht und unausweichlich halten, er konnte sogar einige wenige zu Mitwissern, ja Aposteln seiner Phantasien machen, zu Jüngern, die den entmutigten Meister bei Bedarf mit eben jenen Worten wieder aufrichteten, die er selber ihnen eingegeben hatte – doch auf diese Magdalenen, Jünger und Propheten war doch ebenfalls gepfiffen. Wahre Beglaubigung konnte nur von Außen kommen, von gänzlich Fremden, von den ganz Anderen: »Es ist mehr Freude im Himmel über einen Sünder, der heimfindet, als über tausend Gerechte.« Aber bewegen wir uns mit solchen Analogien nicht endgültig auf Abwegen ohne Wiederkehr?

Nichts da, jetzt erst nähern wir uns dem Thema. Nicht umsonst spricht landläufige Meinung den Künstlern, vorzugsweise den Schreibern, eine Gemeinde zu. Eine Gemeinde aber taugt nichts, solange sie nicht lebendig ist, und lebendig darf sich nur eine sich ständig vergrößernde Gemeinde nennen. Die Freude, mit der die Künstler die jeweiligen Neuzugänge registrieren! Kafka, der geschmeichelt vermutet, eine Einladung endlich einmal eigener Leistung, nicht der Mittlertätigkeit Brods zu verdanken, Thomas Mann, der in seinem Tagebuch nicht einmal den Schlafwagenkellner unerwähnt läßt, der ihn als Thomas Mann erkannt hat, Benn, der seinem treuen Propheten Oelze selbst die mediokersten durchreisenden Verehrer mit Stolz vermeldet – im nachhinein fällt es leicht, die Geschmeichelten, Erwähnenden und Vermeldenden als eitel oder kindlich zu belächeln. Vor dem leuchtenden Hintergrund ihres heutigen Ruhms nimmt sich ihre damalige Ruhmsucht nur noch als liebenswerte Marotte aus, geeignet, den geradezu unmenschlichen Glanz wenigstens etwas zu mildern und für menschliche Augen erträglicher zu machen – aber damals? Da brauchten sie jeden Einzelnen, um an ihrer Mission nicht irre zu werden, da aber auch konnte jeder Einzelne sie an ihrem Auftrag irre werden lassen – oder irren wir uns?

Wir irren uns nicht, wir irren ganz einfach ab. Kafka, Mann und Benn – was soll'n uns diese denn? Wo wir doch von G reden wollten und davon, wie der allmählich begriff, auf welch tönernen Füßen jedweder Ruhm stand, selbst der bereits scheinbar gefestigte. Wie dann erst der ungestalt beginnende, in jedem Fall von anderen zugesprochene, auf keinen Fall einklagbare.

Einklagbarer Ruhm – Thomas Mann durfte zeit seines Lebens nicht damit rechnen, daß alle Schlafwagenkellner ihn kannten, beim gebildeten Bürger aber konnte er diese Kenntnis voraussetzen, da fiel die Schande, nicht erkannt zu werden, auf den Nichterkennenden zurück: »Bildungslücke!«

G aber durfte von einer Saarbrücker Dame, der er von seiner Saarbrücker Lesung erzählt hatte, seiner erfolgreichsten, 150 zahlende Zuhörer, straflos gefragt werden: »Sie schreiben? Muß man Sie kennen?« Mußte man natürlich nicht, weshalb G auch verbindlich gelächelt und die Frage heiter verneint hatte, insgeheim aber hätte er die Dame gerne bei der Gurgel gepackt und die Strampelnde vor das Weltgericht geschleppt, zu einer winselnden Konfession: »Ja, ich bekenne mich schuldig! ER stand vor mir und ich habe IHN nicht erkannt!«

In Momenten wie diesen sah es G geradezu als seine Pflicht an, so berühmt wie möglich zu werden. Ruhm, einstimmig und allseits bestätigter Ruhm war das einzige Reinigungsmittel, diesen unerhörten, beleidigenden Fleck wegzuwaschen. Zugleich aber wußte er natürlich, daß dieser Ruhm auf jeden Fall zu spät käme, daß die unwissende Dame ihre Schande niemals würde ermessen können. Da sie ihn gar nicht kannte, konnte sie ihn auch nicht wiedererkennen. Und selbst, wenn sie dermaleinst seinen gefeierten Namen mit der Zufallsbekanntschaft auf dem Flughafen von La Palma in Verbindung bringen sollte, so war sie immer noch entschuldigt: »Das war damals, als ihn noch keiner kannte« – anstatt sich schämen zu müssen, würde sie sich noch eine fesche Anekdote an den gealterten Hut stecken können. Und außerdem: Was war das eigentlich für ein Ruhm, der davon abhing, ob dahergelaufene Saarbrücker Damen einen kannten? Der dafür erworben werden mußte, daß die irgendwann mal ihre ganze bodenlose Ignoranz erkannten? Auf den war doch ebenfalls gepfiffen! Aber gab es überhaupt einen anderen?

Eigentlich nicht. Seiner Natur nach zielt Ruhm auf unbegrenzte Dauer und uneingeschränkte Verbreitung. Ein Künstler, der behauptet, er strebe weniger an, belügt entweder sich oder die anderen: »Saure Trauben, saure Trauben!« So, wie jede Religion weltumspannende, alle anderen Religionen auslöschende Ausweitung meint – andernfalls wäre sie keine Glaubens-, sondern lediglich Meinungssache –, so ist auch jeder Künstler ein Gott, der über die Erde wandelt, oft, ja meist unerkannt, stets aber von der tiefen Gewißheit durchdrungen, dereinst werde es allen, bei denen er vergeblich um Herberge nachgesucht hatte, wie Schuppen von den Augen fallen. Aber sind wir mit diesem Vergleich nicht dabei, uns endgültig zu verrennen?

Was heißt hier: Dabei? Wir haben uns endgültig verrannt. Denn nun stimmt ja nichts mehr. Gott, so viel weiß man, wird stets von den Armen – oder doch den Armen im Geist – erkannt, gerade in deren Kreis aber hatte G seine unrühmlichsten Stunden verbracht. Als er der Einladung gefolgt war, im Psychiatrischen Zentrum der Universität zu N. zu lesen, hatte er noch geglaubt, er könne helfen, dann aber, als er in dem halbrunden Freizeitraum des Zentrums saß, wurde ihm bewußt, daß er selber der Hilfe bedurfte.

Zahlreiche schwarze Kunststoffstühle, die wenigsten besetzt. Die Wände mit grüner Ölfarbe gestrichen, vielfach abgestoßen. Eine Ausbuchtung des Raumes, eine Art Allerheiligstes, das durch eine Ziehharmonika-Plastikwand vom übrigen Raum abgeschirmt wurde und doch nichts weiter barg als ein Kruzifix und ein Schlagzeug: »Hier finden manchmal Andachten statt oder es wird zum Tanz aufgespielt.« Ein Getränkeautomat. Resopaltische längs der Wand, auf denen Plastikbecher standen. Häßlicher Wandschmuck, häßliche Säulen, häßliche Beleuchtungskörper, reizende Gastgeber. Einer holte G an der Pforte ab, einer blickte mit ihm bedauernd auf die leeren Stuhlreihen – »Ich begreif auch nicht, warum nicht mehr da sind, aber das letzte Mal, bei der YX-Lesung waren auch nicht mehr da« –, einer erbot sich, im Fernsehraum nachzuschauen: »Vielleicht hat es sich noch nicht herumgesprochen, daß hier heute gelesen wird.«

Offensichtlich hatte es sich nur zu gut herumgesprochen. Bis auf einige wenige Nachzügler fand sich niemand mehr ein, vor allem aber war da niemand, der G die Zusammensetzung seines kargen Publikums erklärt hätte – wer gehörte eigentlich zu den Pflegern? Und wer zu den Gepflegten?

G, der heitere Gedichte vorlas, viel mehr hatte er nicht anzubieten, wagte kaum aufzusehen. Sah er auf, blickte er in die erloschenen Augen dreier anscheinend depressiver Frauen. Nie waren ihm seine Scherze derart bodenlos nichtig vorgekommen. Hin und wieder lachte einer der anderen Hörer, doch das machte die Sache nur noch schlimmer. Wie konnte man angesichts dieser Frauen lachen? G war froh, als sie nach einem Gedicht, das die Kirche veralberte, aufstanden und geschlossen den Raum verließen. Er versuchte Zeit zu gewinnen und kramte eine längere Geschichte hervor, die war wenigstens nicht auf schnelle Lacher hin angelegt. Stille breitete sich aus, doch die wurde nun von einem regelmäßigen Knacken und Krachen unterbrochen. Jemand, der hinter G stand, hatte sich von einem der Resopaltische einen Plastikbecher gegriffen, den er in regelmäßigen Abständen knackend zusammendrückte, worauf der sich wieder krachend entfaltete. Das geschah so unablässig und zwanghaft, daß G spürte, wie in ihm Tränen aufstiegen. Tränen des Zorns, des Mitleids und der Einsicht in die gebrechliche Einrichtung einer Welt, die den einen dazu zwang, heitere Geschichten zu verlesen, und den anderen dazu, die ihm innewohnende Unruhe unter allen

Umständen in so peinlicher wie peinigender Weise laut werden zu lassen. Er las und las, eigentlich ein Wunder, daß sein Mund immer noch die Worte formte, die da vor ihm auf den Buchseiten standen, und nicht die, die ihm immer unablässiger durch den Kopf gingen: Daß er bei der Abfassung der Geschichte ja auch lediglich einem Zwang gefolgt sei, dem, sich bemerkbar zu machen. Daß er hier, der Lesende, und der da, der Knackende, doch eigentlich Brüder seien, vereint im Bestreben, sich anderen, koste es was es wolle, mitzuteilen. Daß ihrer beider Wahn nur graduell, nicht substanziell unterschieden sei. Und doch war unbestreitbar, daß nicht der Lesende den Knackenden, sondern der Knackende den Lesenden bei seiner Tätigkeit störte. Wenn der doch nur nicht so knacken würde! Nun war G bereits bei jenen Passagen angelangt, die erfahrungsgemäß die ersten Lacher auslösten, statt der Lacher aber erntete er nur Knacker. Wie gelähmt las nicht nur er, saßen auch die Zuhörenden. Alles ebenfalls Verwirrte? Oder Kundige, die wußten, daß es kein Gegenmittel gegen die Obsession des mechanisch Lärmenden gab? G, der sich längst in sein Schicksal ergeben hatte und immer hastiger den Zeilen folgte, schreckte auf, als einer der Zuhörenden in sein Lesen rief: » Herr Doktor, könnten Sie das Knacken nicht unterlassen?« Da erst wagte er, hinter sich zu blicken, und sah dort einen rundlichen Mann in weißem Kittel stehen, der fast beleidigt den Plastikbecher auf den Resopaltisch stellte. Wut stieg in G hoch. Wie viel vertane Anteilnahme! Welch verschwendete Feinfühligkeit! Den Rest des Abends hielt Gs Wut an, weder der freundliche, wenn auch dünne Applaus noch der anschließende Umtrunk in rustikalem Ambiente konnten sie gänzlich dämpfen. Daß ihm so mitgespielt worden war! Aber wurde ihm nicht ständig so mitgespielt?

Keineswegs. Da G wie jedes Lebewesen darauf aus war, Lust zu suchen und Leid zu vermeiden, lernte er aus seinen Fehlern. Nie wieder Psychiatrische Zentren. Nie wieder auch Volkshochschulen, seit er, von einem befreundeten Schriftsteller vermittelt, in der VHS zu O. gelesen hatte; empfangen von einem VHS-Leiter, der sich wehmütig seiner Berliner Zeiten erinnerte, in denen er es noch mit hochkarätigen Dichtern zu tun gehabt hatte, und der G unmißverständlich zu verstehen gab, daß er nichts von dessen Veröffentlichungen kannte, das Ganze sei ein Experiment, Komisches käme hier ohnehin nur schwer an, aber neulich bei Martin Walser – oder war es Helga M. Novak? – da sei der Saal voll und die anschließende Diskussion ungemein tiefgehend gewesen.

Zwei Stunden später mußte G das gegenteilige Fazit ziehen – kein voller Saal und eine ausnehmend flache anschließende Diskussion, dazu das geschwäbelte i-Tüpfelchen, das Eingeständnis eines breiten Fräuleins, das ihm nach der Lesung offenbarte, sie habe seinen Namen heute zum ersten Mal gehört, das Vorgelesene auch nicht besonders goutiert, sie gehe aber nun mal zu allen Dichterlesungen: »Sie nehmet mir des hoffentlich net übel?« – oder wie immer dieser Sachverhalt im Schwäbischen lautet. Aber da wir gerade vom Schwäbischen, schlimmer: schwäbisch, reden – kann diese Betrachtung, die zu so hochgespannten Zielen aufgebrochen war, eigentlich noch tiefer sinken?

Kann sie, kann sie. Muß sie sogar, will man überhaupt irgendwas erkennen. Von oben sähe man ja doch nur wieder nichts weiter als die glänzende Schauseite des Künstlerlebens, jenen aus tausenden von Werken und Schicksalen gebildeten Regenbogen, in welchem all die Zwischentöne, die dunklen und die hellen, zu jenem harmonischen Gebilde zusammenfließen, das sich von jeher in den harmonisierenden Köpfen der Kulturverwalter und Kulturüberlieferer malt: Irgendwie gleicht sich das alles ja irgendwann aus, der ungerechtfertigte frühe Ruhm des einen durch um so endgültigeres Vergessen, die langen Jahre des Verkanntseins des anderen durch um so anhaltenderen Nachruhm – was war das denn anderes als eine fortwährend weitererzählte, nichtendenwollende Anekdote, die auf das kopfschüttelnde Schmunzeln der Wissenden abzielte: Wie konnten die damals einen X nur derart überschätzen? Einen Y so verkennen?

Selbst G, der es hätte besser wissen müssen, glaubte immer noch an jene ausgleichende Gerechtigkeit. Ohne den Glauben daran, daß auch er den Marschallstab im immer abgewetzteren Tornister trug, hätte er keinen Tag weitermachen können, und doch wuchs in ihm von Tag zu Tag die Erkenntnis, daß kein Zeitgenosse jemals imstande gewesen war, den Marschallstab eines der vorbeidefilierenden Künstler richtig einzuschätzen, da jedes Auge zunächst von der Nichtigkeit oder der Pracht des Tornisters abgelenkt oder gefesselt wurde und jeder Betrachter dazu neigte, aufgrund dieser Äußerlichkeiten nach einer pi mal Schnauze nicht unähnlichen Formel auf den Inhalt des Behälters zu schließen. Später, wenn der Tornister zerfallen und der Marschallstab in seiner ganzen Länge oder seiner gänzlichen Unzulänglichkeit vor aller Augen lag, da war das Be- und Verurteilen einfach. Da war der Höhenflug die einzig angemessene Betrachtungsweise, da allein er eine Übersicht all dessen ermöglichte, was da im Laufe der Zeit unverlierbarer Gedanke, unzerstörbares Wort oder unverzichtbares Bild geworden war, bewahrt in Bibliotheken, Literaturgeschichten und Kunstsammlungen. Höhenflug – aber auch Flug durch die Dämmerung: »Die Eule der Minerva beginnt ihren Flug erst, wenn die Geschichte ihr Grau in Grau malt« – oder so ähnlich. Hegel – oder täuschen wir uns?

Wir und täuschen! Wo wir doch gerade endgültig im Begriffe stehen, aus der Grau in Grau gemalten Oberwelt des gesicherten Seins in die von greller Peinlichkeit ausgeleuchteten Katakomben des ungeordneten Werdens hinabzusteigen, in den Schoß der Geschichte, dorthin, wo in Millionen von unbarmherzig bestrahlten Brutkästen sich gerade Abermillionen von Keimen ans Licht kämpfen; gleichzeitig und ununterscheidbar.

Einmal Mäuschen sein, aber ein hochverständiges Mäuschen von heute, und die Zeituhr zurückdrehen, um sich im Münchener Kunstsalon Goltz am 10. 11.

1916 unter die Zuhörer der Kafka-Lesung mischen zu können. Zusehen, wie er da ankommt, zu seiner einzigen öffentlichen Lesung außerhalb Prags, nach zehnstündiger Bahnfahrt, nach Paß- und Zensurschwierigkeiten, »mit meiner Geschichte als Reisevehikel, in eine Stadt, die mich außer als Zusammenkunftsort und trostlose Jugenderinnerung gar nichts anging«. Wissen, daß eigentlich nicht Kafka hatte lesen sollen, sondern Max Brod, der sich mal wieder für den Freund verwandt hatte. Erkennen, daß auch Kafka das weiß und darüber enttäuscht ist: »Allerdings habe ich heute erfahren, daß Max die Einladung vermittelt hat, meine Lust zu fahren ist dementsprechend geringer geworden.« Zuhören, wie er im Vortragssaal der Galerie vor knapp fünfzig Personen, darunter die Schriftsteller-Kollegen Max Pulver, Gottfried Kölvel und Eugen Mondt, liest, »meine schmutzige Geschichte in vollständiger Gleichgültigkeit, kein leeres Ofenloch kann kälter sein, war dann, was mir selten geschieht, mit fremden Menschen zusammen«. Zwei dieser fremden Menschen auf dem Nachhauseweg begleiten: »Wie hieß diese Geschichte nochmal?« – »Irgendwas mit Strafkolonie.« – »Ziemlich lang!« – »Irgendwie unangenehm.« – »Kaum auszuhalten.« – »Manche haben es ja auch nicht ausgehalten – ich zählte zwei Ohnmachten.« – »Ich drei.« – »Und warum wolltest du unbedingt hingehen?« – »Ich? Du wolltest hin!« – »Nein, du!« – »Weil ich dachte, daß Brod liest. Warum hat Brod eigentlich nicht gelesen? In den ›Münchener Neuesten Nachrichten‹ stand doch: ›Gedichte von Max

Brod‹.« – »Nein, nein, der hat doch gar keinen Urlaub bekommen, der Brod. Und in der Anzeige stand ausdrücklich: ›Franz Kafka liest‹.« – »Liest Gedichte von Max Brod, ja.« – »Nein, nicht nur. Da stand auch etwas von einer bisher unveröffentlichten Novelle.« – »Na ja, die hat er ja auch gelesen!« – »Aber wie! In vollkommener Gleichgültigkeit!« – »Kein leeres Ofenloch könnte kälter sein.« – »Ich muß auf den Schreck noch was trinken!« – »Ich auch.« – »Da ist eine Beize!«

Dann noch am nächsten Tag – wenn schon Mäuschen, denn schon – in die »gräßliche Konditorei« schlüpfen, Zeuge werden, wie Felice Bauer sich mit Kafka streitet, den Kritikern über die Schulter sehen, »die Kritiken waren schlecht«, und dem Selbstkritiker Kafka: »Die Vorlesung war ein großartiger Mißerfolg.« Und dabei hatte er im Goltzschen Kunstsalon wirklich nur lesen, nicht auch noch Bücher verkaufen – oder doch verkaufen helfen – müssen.

Genau das aber war Gs Los, seitdem er Bücher schrieb, welche in Buchhandlungen verkauft wurden, in denen er wiederum las. Da war sie wieder, jene Vernissagen-Situation, welcher er während seiner Müllschluckermedienzeit für immer entkommen zu sein glaubte. Ja, Pustekuchen!

Beim Betreten der Buchhandlung zuerst der rasche Blick in den Raum – gut besetzt? – dann aber gleich der auf den Ladentisch, wo neben der Kasse sich das jüngste Buch stapelte. Was da unter Gs Händen entstanden war, auf anfangs so beglückend stetig sich vermehrenden Manuskriptseiten, dieser Entwurf, diese schiere

Möglichkeit, dieses reine Werden – was um Himmels willen war denn daraus geworden? Zunächst ein Buch, sicher. Doch auch die Buchwerdung hatte ja als Prozeß begriffen werden können. Von der Umschlaggestaltung bis zur Fahnenkorrektur, ja selbst bis zum ersten, fertigen Vorausexemplar – immer war es G gewesen, als ob sich da immer noch etwas bewege. Nun aber dieser Bücherturm, der ganz allein durch den Käufer abgetragen werden konnte. Nun dieses ebenso klägliche wie einschüchternde Sein, das erst der Griff zum Portemonnaie wieder in Fluß zu bringen imstande war, auf daß das heillose Gemisch aus geronnenem Herzblut und gebundenem Ladenpreis weitermäandre, in möglichst ungezählte Hände, Köpfe, vielleicht auch Herzen sich ergieße, um dort nach Maßgabe seiner Kräfte und des vorgefundenen Bodens wiederum etwas zum Sprießen zu bringen – doch hatte G das alles denn je gewollt?

Einst – aber wie weit lag das alles zurück – hatte er selber mächtig bewegt: die Worte, die Schicksale, die Inhalte. Nun fand er sich in der äußersten Abhängigkeit wieder, von Zuhörenden, Kenntnisnehmenden und Kaufenden. Darüber konnte auch die Tatsache nicht hinwegtäuschen, daß er las und die anderen zuhörten. Dieses Machtverhältnis würde sich ja unmittelbar nach der Lesung sogleich und endgültig umkehren. Dann hatten es einzig die anderen in der Hand, wieder etwas in Bewegung zu setzen. Den Bücherturm ebenso wie G, der nur zu bereit war, dem Hinweis des Buchhändlers, »Der Autor wird das Buch auf Wunsch signieren«, nachzukommen. Und ob er das Buch signierte! Am liebsten hätte er als Morgengabe noch etwas hineingemalt – manchmal tat er das auch – und als Dank und Wiedergutmachung noch jene zehn Prozent des um die Mehrwertsteuer bereinigten Ladenpreises, die ihm als Autorenhonorar zustanden, an den Käufer zurückerstattet – das freilich tat er nie. Irgendwie mußten die Spielregeln ja gewahrt bleiben, auch wenn es G zunehmend schwer fiel, das Ganze als ein Spiel zu begreifen, schließlich ging es um harte Kröten und rühmende Flöten, sprich: sein Überleben im einfachen und übertragenen Sinne, also um alles.

Ob die anderen überhaupt begriffen, was da auf dem Spiel stand? Wie der da halbherzig das Buch zur Hand nahm und es dann wieder resolut auf den Stapel zurücklegte! Wie die da G längere Zeit aus der Entfernung betrachtete und dann einzig deshalb auf ihn zutrat, um ihm mitzuteilen, sie behandle seine Verse gern im Grundschulunterricht, die seien so einfach gebaut. Wie alle sich schließlich zerstreuten und G, mit den Gastgebern und einigen Unentwegten in die Nacht tretend, noch einen letzten Blick auf den Stapel warf – war der überhaupt kleiner geworden? Ein wenig wenigstens? Oder hatte man – das Prinzip Hoffnung! – den Schwund durch zurückgelegte Exemplare ausgeglichen?

In solchen Momenten, wenn alles gelaufen war, war Gs Wunsch nach Berühmtheit, Anziehungskraft und durchschlagender Bezauberung ganz und gar selbstlos, da hätte er das alles einzig deshalb gerne besessen, um es ausschließlich in den Dienst des armen Buchhändlers stellen zu können: der saß doch erstmal weiterhin auf zehn vertrauensselig georderten Exemplaren, während er, G, die dreißig Mark, die jene Bücher für ihn letztlich verkörperten, mit links anderswo verdiente bzw. ausgab. Doch apropos selbstlos – machen wir da nicht uns selbst und anderen etwas vor?

Anderen sicher, uns selbst sicher nicht. G wäre ja nur zu gerne sein Selbst los geworden, um, ungehindert von Zweifeln, den Weg zum Ruhm beschreiten zu können. Da ihm bewußt war, daß sein Kulturkreis den Ruhm zwar bewunderte, die Ruhmsucht aber belächelte, wenn nicht verspottete, beneidete er all jene Künstler, die es fertiggebracht hatten, sich selbst nicht mehr als zufällige und zufällig produzierende Subjekte zu begreifen, sondern als Sprachrohre des objektiv Notwendigen. Die von sich selber sagen konnten: »Mein Gott, was liegt schon an mir! Ein Gefäß bin ich, in dem der Weltgeist sich sammelt. Ein Sprachrohr, dem aufgetragen ist, das zu Sagende zu sagen. Ein Fürsprech jener Klasse, die sich – noch nicht – selber äußern kann, die aber die geschichtsbewegende Kraft ist, und die, einmal zu sich selbst gekommen und am Ziele angelangt, Subjekte wie mich objektiv unmöglich machen wird. Bis dahin aber . . .«

Bis dahin aber waren die fein raus. Jeden objektiven Mißerfolg, unter dem doch auch sie litten, konnten sie dem notwendig langsamen Lauf der Dinge anlasten, jedes subjektive Erfolgs- und Glücksgefühl aber nicht den Strebungen des trüben Ichs, sondern der gerechten

Sache gutschreiben, was die Freude über das Erreichte natürlich keineswegs minderte, sondern im Gegenteil verdoppelte: »Wenns doch der Sache nützt, werde auch ich mich ja wohl noch ein bißchen freuen dürfen!«

Eine hochbefriedigende Selbsttäuschungsstrategie also, der, so schien es G, der Schriftsteller häufiger erlag als der Maler. Letzterer war noch immer ein, wenn auch meist äußerst entfernter, Verwandter des Handwerkers. So, wie ein Stuhl nicht nur vom Wollen und Können seines Machers redet, sondern auch vom Sitzen, vom Stuhl also, so erzählt ein gutgemalter Apfel durchaus auch etwas von anderen Äpfeln, weist nicht nur zurück auf das ergriffene Ich, das ihn gemalt hat, sondern über sich hinaus, weist hin auf Fülle des Daseins, Hierseins und Soseins. »Der Maler legt den Pinsel hin / und sagt: Da steckt viel Arbeit drin« – Eugen Roths penetrant humoristischer Blick sieht richtig, wenn er die Zufriedenheit des Malers zum Zufriedensein mit dem Gemachthaben verkürzt. Während doch der Abschluß eines Werkes für den Schriftsteller nur Anlaß sein konnte für Unzufriedenheit und Scham: Wie das Ich sich da wieder entblößt hatte! Das war ja nicht zu ertragen! Irgendetwas mußte her, die Scham zu bedecken, und so griffen die Schreibenden beider Geschlechter nach jedem Fetzen, der in der Luft lag, drapierten sich mit »Frauenbewegung«, oder »Erkundung der Männerrolle«, »Außenseitertum heute« oder »Dritte-Welt-Problematik«, »Friedensbewegung« oder »Bewahrung des Rechtsstaates« und reisten, so gewandet, auf Kongresse oder Wochenendseminare, zu Universitäten oder Round-table-Gesprächen, durch China oder Nicaragua, ein Vorgang, der auch immer wieder für eine Meldung oder einen Erfahrungsbericht gut war – schließlich hatte mal wieder das Weltgewissen gesprochen, zu dem sich die Schriftsteller so erfolgreich hochstilisiert hatten. Auf Kosten der anderen Künste, deren Vertreter sich so gut wie nie zu den brennenden Zeitfragen äußerten? Deshalb, weil ihr windiges, ich- und fremdausbeuterisches Gewerbe einen Rechtfertigungsdruck erzeugte, der jedes übertünchende Mittel vertretbar erscheinen ließ?

Schriftsteller gab es, die überhaupt nicht mehr schrieben, sondern nur noch unterschrieben, die, stets auf Achse, bewegte Klage darüber führten, daß sie überhaupt nicht mehr zum Arbeiten kämen, die X-Frage oder die Y-Bewegung habe zur Zeit nun mal den Vorrang, sobald sie jedoch ihre Pflicht getan hätten, würden sie an das bereits von langer Hand vorbereitete Romanwerk gehen, welches dem Z-Problem endlich die bisher von der Öffentlichkeit verweigerte Aufmerksamkeit sichern solle – wie erwachsen sie waren! Wie sie von sich selber absahen! Oder scheuten sie lediglich vor dem zurück, was sie da gesehen hätten?

Wie es im Leben wohl fast jedes onanierenden Knaben – jedenfalls in Gs Jugend – Momente erdrückender Scham gab, in denen er glaubte, der einzige zu sein, der diesem Laster derart widerstandslos und wiederholungsbesessen frönte, so kam sich auch der reifere G auf beschämende Weise befleckt vor, wenn er den trüben Born seiner Schöpferlust mit all den lauteren

Quellen verglich, die da rund um ihn so ernste wie wichtige Werke in so lähmend gestaltenreicher Zahl hochaufwachsen und sich prächtig entfalten ließen. Auch prächtig schamlose Werke, ohne Frage. Werke, in denen sich die Verfasser geradezu wollüstig ein Feigenblatt nach dem anderen vom zuckenden Ich herunterrissen, um schließlich gänzlich entblößt und entblättert vor den erschreckten Leser zu treten: Seht – so bin ich. Eine Geste, die Tradition hatte seit den Bekenntnissen Rousseaus, ein Akt, der innerhalb der abendländischen Literatur geradezu zu einem Genre verkommen war, das, wie jedes andere Genre auch, der Kriminalroman etwa oder der Gruselfilm, nur überleben konnte, wenn es immer grellere Reize häufte, verpackt in immer gewagteren Stilisierungen.

All diese unerhörten Bekenntnisse, zur Päderastie (Gide), zum Mord (Genet), zum Wahnsinn (Erlenberger), zum Rundumstopfen- und Gestopftwerden (Praunheim) – G kam es so vor, als tobe da eine Materialschlacht, die jedes daran beteiligte Ich dazu zwang, auch noch die letzten Reserven ins Feld zu führen, um – ja, warum eigentlich? Sicher nicht nur, um in dem ganzen Schlachtenlärm überhaupt noch wahrgenommen zu werden, von einer halb ertaubten und fast erblindeten Kriegs- und Manöverkritik, die nur noch krachendste Höchstleistungen zu registrieren imstande war, nein, sicherlich auch fortgerissen von dem ehrlichen Bestreben, nun mal endlich die ganze Wahrheit zu sagen. Was G, wahrheitsliebend wie nur einer, bei all diesen Wahrheiten unbefriedigt ließ, war gerade dies: ihre Ganzheit. Aus dem »So bin ich« glaubte er jedesmal auch einen triumphierenden Unterton herauszuhören, »So ehrlich bin nur ich«, und eine Anklage, »Wie verlogen seid ihr doch!«; während er sich keinerlei Wahrheit über das Ich vorstellen konnte, die nicht gesättigt war vom Bewußtsein letztlich unausweichlicher Verlogenheit, keine Wahrhaftigkeit, die den Widerspruch herausforderte, sondern nur eine, die ihn beinhaltete. Weshalb ihm auch beide – der, der ständig von sich absah, und der, der unablässig auf sich hinwies – lediglich als zwei Seiten ein- und derselben Medaille vorkamen, einer Medaille, die nach Medaillenart eine einschüchternd funkelnde und eine einnehmend blitzende Seite zur Schau stellte. Ihm aber ging es um Kleingeld. Um jenen schäbigen Rest, der ständig über den Tisch geschoben wird, wenn Werke der Einbildungskraft ideelle Gestalt und materiellen Besitzer wechseln, wenn Herstellerbedürfnisse und Kundenwünsche sich ungut treffen oder folgenreich verfehlen, er kartographierte mit einem Wort die Grauzone der Peinlichkeiten, hinter der erst, kaum ahnbar, die – aber sollten wir nicht eine letzte Anstrengung unternehmen, statt von Ahnungen von gesicherten Erkenntnissen zu reden?

Sicher. Machen wir es kurz. Ruhm – wer wollte ihn nicht. »Orden und Gepränge halten manchen Puff ab im Gedränge« – das sagt einer, der es wissen muß, der Geheimrat persönlich. Persönlich? Welche Person denn? Dorothea Veit begegnet ihm an einem Novembertage des Jahres 1799 während eines Spazierganges in Weimar – ihm? Ihnen: »Goethe habe ich gesehen!« schreibt sie der Freundin Rahel Levin in Berlin, »Er hat einen großen und unauslöschlichen Eindruck auf mich gemacht; diesen Gott so sichtbar und in Menschengestalt neben mir zu wissen . . .! Wie er so neben mir her ging und freundlich redete, da verglich ich seine Person mit allen Werken, die mir von ihm in der Eil einfielen, und da habe ich gefunden, daß er dem ›Meister‹ und dem ›Hermann‹ am meisten ähnlich sieht. Am allerwenigsten konnte ich aber den ›Faust‹ in ihm finden, alles andere aber ganz deutlich, die ›Vermischten Gedichte‹, ›Tasso‹, ›Egmont‹, ›Werther‹, ›Götz‹, ›Elegieen‹, überhaupt alles, alles . . . Ewig schade, daß er so korpulent wird; das verdirbt einem ein wenig die Imagination!«

Das ist schon was, derart vielgestaltig durch Weimar schreiten zu können! Sich nicht über das darstellen zu müssen, was man gerade ist – ein dicker Fünfzigjähriger – und sagt – sicher nichts von Belang –, sondern all das voraussetzen zu können, was man bereits gewesen ist und gesagt hat! Setzt natürlich auch kundige Kreise, eingeweihte Gruppen und überschaubare Gemeinwesen voraus. Gab es damals wohl auch noch, vielleicht zum letzten Mal. Der Geheimrat hatte noch persönlich den Begriff »Weltliteratur« geprägt und vom fernen Amerika behauptet, es habe es besser. Von da an gings bergab, verunklärte sich die Szene, verschwamm der Begriff. Welcher Begriff? Der des Ruhms. Denken wir uns irgendein archaisches Gemeinwesen. Jeder kennt jeden, vor den Toren aber wütet ein menschenfressender Löw'. Das kann so nicht weitergehen –: Wer wagt es? Er trete vor! Vohor! Nicht zurück!

Entschuldigung – ich dachte, da hinten sei vorne!

Wer spricht so?

Ja – kennt Ihr mich nicht? Ich bin's, Murxinander, der Sohn des Schlagihntoteles!

Zeus sei mit dir, mein Krieger! Und nimm diesen geweihten Fleischspieß, er mag dir helfen!

Dankeschön, aber ich habe schon gegessen!

Von den Zinnen aus verfolgt das Volk die Begegnung: Ah! Jetzetle! Oioioi! Bumsti!

Und endlich das Signal »Löw' tot!« Die Tore öffnen sich, das Volk strömt hinaus und umringt den Sieger. Das Rühmen hebt an, erst ungestalt: »Du, Klasse, ehrlich!« Dann, während des Festmahls, bereits in gebundener Rede: »Singen will ich, oh Muse, von den Taten des Murxinander / Welcher im Monat Julei . . .«

»Aber wir haben doch noch Juni!«

»Moment! Ich fang nochmal von vorn an!«

Wer da singt? Der bestallte Rühmer ist es, und er tut dies so schön, daß auch er mit dem gerühmten Vorgang und dem zu rühmenden Helden für alle Zeiten berühmt wird. Ja – so wars mal.

Ists aber nicht mehr. Heldenepos, Hagiographie, Herrscherlob – wohin seid ihr entschwunden? Keine Sau will mehr rühmen, jedes noch so dumme Schwein möchte berühmt werden. Kann es auch, glaubt man dem Oberschlitzohr Andy Warhol, den die Tatsache seiner eigenen Berühmtheit derart überwältigt hat, daß er sich zu der These hinreißen ließ, heutzutage habe jeder dank der elektronischen Naihrwißtschonwas im total vernetzten Weltdorf die Chance, für fünf Minuten berühmt zu werden. G war diese Behauptung immer gräßlich oberflächlich vorgekommen, aber gräßlicher noch war die Tatsache, daß sie stimmte. Erinnert sich jemand an Miguel Rios? An jenen sehr spanischen Schreihals, der die Frechheit besessen hatte, Beethovens »Hymne an die Freude« als »Song of Joy« ins Mikrophon zu plärren? Späte 60er Jahre, jawohl, und der wuschelköpfige Zombie war mit diesem Schandstreich nicht nur weltweit in die Sendeanstalten, die Musikboxen und die Charts gekommen, sondern auch in die »Bunte Illustrierte«, die ihn in einem mehrseitigen Farbbericht Wiener Beethoven-Stätten besuchen ließ – selten hatte G einer verworfeneren Begegnung beigewohnt als der des fleischigen Pop-Sängers mit der Marmorbüste des Meisters.

Danach war es stiller um ihn geworden, G hatte Miguel nur noch einmal wiedergesehen, bei seinem erfolglosen Come-back in der ZDF Hit-Parade, als er unter den Augen von Dieter »Thomas« Heck mit einer gesungenen Version der Eurovisionsfanfare zu landen suchte und auf dem Bauch landete, trotz der trotzig zum alternativen V gespreizten Finger und obwohl er zum zweiten Male vom Ruhm eines größeren schmarotzte, von Charpentier nämlich, denn von dem stammt die erwähnte Fanfare: Ta tatatatatatataa . . .

Auf diesen Fünf-Minuten-Medien-Ruhm war natürlich vollends gepfiffen, auch wenn der sich gerade dank der elektronischen Nawieheißensiegleich oft als erstaunlich langlebig erwies. Die schienen nicht nur einen ständigen Bedarf an ständig wechselnden Berühmtheiten zu haben, die brauchten auch einen festen Stamm von jenen Berühmten, die jeweils eine ganze Sparte menschlichen Wagens, Denkens, Ringens und Singens zu vertreten imstande waren: Gute Musik – Karajan (vormals Furtwängler), Nächstenliebe – Mutter Teresa (vormals Albert Schweitzer), Literatur – Heinrich Böll (vormals Thomas Mann), und so fortan, bis hinunter zu so abwegigen Disziplinen wie Abenteuer – Reinhold Messner (vormals Thor Heyerdahl) und Gesundheit – Köhnlechner (vormals Prof. Sauerbruch) – wobei es für G ein ewiges Rätsel war, wie dieser äußerst leidend und ungesund ausschauende Herr es geschafft hatte, ausgerechnet im Gesundheitsfach zu reüssieren. Doch was hat das eigentlich – bei allem Respekt vor den Rätseln des Herrn G – noch mit unserem Thema zu tun?

Eine hervorragende Frage, deren Beantwortung nur lauten kann: Nichts, nichts und wieder nichts. Die elektronischen Nawielautensiedenn waren ja nun wirklich nicht Gs Bier, die doch nicht. Nicht nur, daß er ein für alle Mal beschlossen hatte, niemals dem Lockruf dieser Sirenen zu folgen, in eine Talkshow oder zu einer Diskussionsrunde –: er war auch niemals gelockt worden. Nicht weiter schlimm, vager Prominenz war er ohnehin nie hinterher gelaufen. Dem handfesten Hordenruhm aber trauerte er immer noch nach. Darunter konnte er sich etwas vorstellen. Den hatte er noch erfahren, nicht als Berühmter, aber doch als Rühmender. Hingerissen war er, der Siebenjährige, Zeuge eines wagemutigen Kletterabenteuers geworden. Ein nur wenig älterer Junge, Kinderheiminsasse wie G, hatte nicht nur verbotenerweise einen hohen Baum erklommen, er war auch noch aus dem Wipfel dieses Baumes in den des Nachbarbaumes hinübergewechselt, ein derart unerhörter Vorgang, daß G vom sicheren Boden aus nicht anders konnte, als »Ich werde davon erzählen!« zu rufen.

Hatte er davon erzählt? Er wußte es nicht mehr, erinnerte sich aber gut, wie groß noch in den folgenden Jahren seine Bereitschaft zum Rühmen und Verehren gewesen war, in all den Gruppen und Grüppchen, Stämmen und Clans, in denen er einen Teil seiner Jugend verbracht hatte, in der »Deutschen Jugend des Ostens«, der »Jungschar«, dem »Jungtrupp« und wie diese paramilitärischen Christus- oder Kalter-Krieg-Organisationen alle heißen mochten.

Da war Heimat gewesen, und wenn er es recht bedachte, stellte sich ihm der Flug seiner Schöpferlust durch all die wechselnden Medien ebenfalls als eine Suche nach Heimat dar: »als flöge sie nachhaus«. All seine Lockrufe, Botschaften, Entäußerungen – hatten sie nicht immer auf ein Echo gezielt? »In der Schleimspur des von mir Geschriebenen / suche ich nach Resten des Gebliebenen« – nicht schlecht formuliert, nur reichlich verkürzt, dunkel, geradezu unsinnig: ein Flugtier, das eine Schleimspur absondert. Doch erstens haben alle Kulturen dem Künstler gewisse Dunkelheiten zugestanden, ja geradezu abverlangt, und zweitens sollte man sich davor hüten, das Ganze allzu eng zu sehen, gerade jetzt, wo wir doch im Begriffe stehen, den Begriff zumindest der geistigen Heimat etwas klarer zu schauen und weiter zu fassen.

Kulturkreis, Sprachraum, Bildungsschicht – das alles gab es doch! Nicht als Ort heillosen Gegeneinanders, sondern als Stätte raum- und zeitübergreifender Begegnungen. Da sandten doch nicht nur die Genies, die »Leuchttürme« Baudelaires, ihr kaltes Licht von Jahrhundert zu Jahrhundert, da waren doch selbst noch gutwillige Motten und Leuchtkäfer eingeladen, in diesem Licht zu tanzen und es, am Rande des Kegels, flirrend in die Nacht zu reflektieren, ganz zu schweigen von all den Eignern unterschiedlich großer Laternen, die, auf niedrigerem Niveau zwar, ebenfalls ständig ihre Lichtsignale ausschickten. Und waren nicht zur gleichen Zeit ganze Bataillone von Lichtvermessern dabei, die unterschiedlichen Lichtquellen mit Hilfe unbestechlicher Geräte stets aufs neue zu orten, zu messen und auf fortlaufend geführten Tabellen einzutragen?

G hatte einmal einen Großteil der für seinen Sprachraum, sein Metier und seine Generation zuständigen Lichtvermesser auf einem Haufen gesehen, während einer Buchmesse, im Hause des Verlegers. Gerne hätte er zu ihnen gehört, die da so selbstverständlich aufeinander zugingen, um sich heiter an den Ort ihrer letzten Begegnung zu erinnern: Ja richtig – Klagenfurt! Wieviel tätiger, würdiger und selbstloser es doch war,

Rühmender zu sein als Gerühmter. Wie zupackend die kritisch Abwägenden um sich schauten, wie lauernd die kritisch Abgewogenen ihren Blicken folgten. Irgendwie fühlte sich G auf dem falschen Dampfer, er ging rasch wieder.

Kam aber drei Tage später einer Einladung des gleichen Verlages nach, diesmal in eine nicht weniger glänzende, aber neutralere Stätte der Begegnung. Einen zwanglosen Umtrunk von Verleger, Buchhändlern und Autoren hatte er erwartet, doch zu seinem Erstaunen erwartete ihn ein veritables Abendessen, mit Tischordnung und gedämpften Gesprächen, deren funkelndes Hin und Her ein beziehungsreiches Gegenstück zu den Lüstern bildete, deren künstliches Licht sich vielfältig in wandhohen Spiegeln brach. Das wahre Licht aber, die spirituelle Sonne, die alle Anwesenden wärmte, ging von jenem runden Tisch im allseits einsehbaren Zentralraum aus, an welchem der Verleger speiste, umrahmt von besonders würdigen Trabanten, darunter einem schönen peruanischen Autor von Weltruf und einer wunderschönen deutschen Debütantin, welche gerade ein nicht zuletzt wegen seines tiefen Ernstes hochgerühmtes Erstlingswerk vorgelegt hatte.

G, der ein wenig spät dran war, hatte kaum Zeit, die Ordnung zu bewundern, die sich ihm da so sinnfällig wie einleuchtend offenbarte, da kam auch schon die Suppe. Daß ihm ein Platz am Rande des Sonnensystems angewiesen worden war, kränkte ihn nicht weiter. So sehr er alle beneidete, die sich in diesen

Kosmos eingebunden wußten, stetig kreisend und von Saison zu Saison heller erstrahlend, so bewußt war ihm doch, daß er nicht mehr als ein Irrläufer war, ein Wandelsternchen, dem es nur hin und wieder beschieden war, ein wenig in die Schwerkraft dieses Systems zu geraten.

Einige Jahre zuvor, bei einem ähnlichen Anlaß – allerdings ohne feste Tischordnung – hatte G sich sogar als Zwergplanet eines konkurrierenden Systems empfinden dürfen. In einem »Spiegel-Essay« war Christian Schultz-Gerstein zum Ergebnis gelangt, es gebe hierzulande zwei Kulturen, die offizielle und die Zweitausendeins-Kultur. Das hatte G mächtig eingeleuchtet und erfüllt, doch in dem Maße, in dem die Zweitausendeins-Kultur in der Folgezeit an klarem Umriß verlor, war auch seine, freilich schon immer etwas instabile Identität als Zweitausendeins-Kulturträger zunehmend gasförmiger geworden.

Die offizielle Kultur aber stand offensichtlich noch im schönsten Saft. Sie teilte Speis und Trank aus, und warum sollte nicht auch G zugreifen, wo er doch das Verlagsprogramm, wenn auch im Familienverband und äußerst peripher, um immerhin fünf kleine Werke bereichert hatte. Schon während des Hauptgangs freilich war ihm klar geworden, daß er eigentlich fehl am Platze war. Nach einem ausgeklügelten Plan hätten sich an den Tischen Verlagsangestellte, Buchhändler und Autoren begegnen und kennenlernen, Geist und Geschäft, Kunst und Kommerz in Gedankenaustausch treten sollen. Doch welchen Geist, welche Kunst vertrat denn G? Der ihm gegenübersitzende Großbuchhändler mußte passen: Gernhardt . . .? Da sein Gesprächspartner nur undeutliche Vorstellungen mit ihm verband, machte G den Versuch, wenigstens ein deutlicheres Bild von dem Vertreter des Handels zu gewinnen. Wie malte sich die Welt im Kopfe eines Großbuchhändlers? Groß: »Dem Vertreter von Hoffmann und Campe habe ich gesagt: Euer Herbstprogramm könnt ihr doch vergessen! Kein Lenz, keine Danella – was soll ich denn damit?« Große Autoren brauche es, unterstrich der Großbuchhändler, und – er deutete auf den Zentralraum – große Verlegerpersönlichkeiten, Leute, die etwas in Bewegung setzten! G fühlte sich immer kleiner, fast ausgelöscht nahm er noch wahr, wie sich die Sonne selbst nach der Süßspeise in Bewegung setzte, um all die Buchhändler an all den Tischen zu wärmen. Auch an Gs Tisch. »Wir wollen doch beide dasselbe«, beschwor der große Verleger den Großbuchhändler, »Sie wollen verkaufen, ich will verkaufen.«

Welch geradezu antikische Schamlosigkeit! Was eigentlich hinderte G, sogleich miteinzustimmen? »Jawohl! Auch ich will verkaufen, um berühmt zu werden, und berühmt werden, um zu verkaufen, ein Lenz will ich euch sein, eine Danella, egal – ich sei, gewährt mir die Bitte, in eurem Bunde der Dritte« – ? Warum verstörte ihn all das, was den beiden anderen die natürlichste Sache der Welt zu sein schien? Mußte es denn für alle Zeiten so bleiben, daß die Welt des Geistes in zwei Lager zerfiel – hie die Bedenklichen, da die Bedenkenlosen? Rhetorische Fragen, da doch G nur zu gut um seinen Platz wußte, seit er Jahre zuvor bewundernd miterlebt hatte, wie es dem Verleger gelungen war, sein 25jähriges Verlegerjubiläum aus dem Feuer zu reißen. Schon hatten die Vor- und Festredner – Max Frisch, Günter Busch sowie ein Vertreter des Betriebsrats – einen ganzen Reisighaufen gedankenvoller, bedenkenswerter und bedenklicher Argumente gehäuft, schon schien die Fackel kritischer Theorie, mit der der Verlag jahrelang das geistige Leben der Republik erhellt hatte, sich wider den Verleger selbst kehren zu wollen, schon glaubte man ein Autodafé unabwendbar, als der Verleger noch einmal das Wort ergriff. Allen Anwesenden – und diesmal waren wirklich alle anwesend, von Carlo Schmid bis Thomas Bernhard – sei doch sicherlich das Adorno-Wort bekannt: Es gibt kein richtiges Leben im falschen. Einhelliges Genicke aller Anwesenden. Das aber müsse auch umgekehrt gelten: Es gibt kein falsches Leben im richtigen!

Schneller ward nie ein Anwurf vom Kopf auf die Füße gestellt, rascher hatte nie ein Fuß die Flämmchen zertreten! Nie aber auch hatte G deutlicher erfahren, daß richtiges und falsches Leben ganz unversöhnlich nebeneinander herlebten. Hätte er es jemals vermocht, den Gedanken des Verlegers überhaupt zu denken? Hätte er es je gewagt, sich zu welchem Jubiläum immer Beethovens Appassionata zu wünschen? Der Jubilar konnte es. Und in dem Festsaal stand auch richtig ein Flügel: »Wenn ich ein Vöglein wär . . .«

G aber, ohne einen, geschweige denn zwei Flügel,

mußte sich wohl oder übel zu Fuß weiterkämpfen: »Ich gehe, während er fliegt.« Doch wo waren wir eigentlich stehengeblieben?

Wir? Haben wir uns denn je bewegt? Wie weit die ersten Seiten zurückzuliegen scheinen, ohne daß sich doch außer der Paginierung irgendetwas greifbar verändert hätte! Die stets gleichbleibenden Metapherndickichte zu beiden Seiten. Die stets aufs neue genarrte Hoffnung eines Überblicks. Die wiederholten Versuche eines Aufschwungs. Die schon zur Gewohnheit gewordenen Abstürze – soll das alles so weitergehen? Nein. Also weitergehen. Wo waren wir stehengeblieben?

Ruhm – es lohnt sich nicht, ihm nachzujagen. Jedenfalls nicht hier und nicht heute. »Euch ist bekannt, wes wir bedürfen, wir wollen starke Tränke schlürfen« – der Geheimrat wußte noch, was er wollte. Würde er aber heute nicht mehr kriegen. Den einstmals so berauschenden Ruhm – in unserer Zeit gibt es ihn nur noch in verkommenen Schwundformen. Entweder, industriell auf Flaschen gezogen, als weltweit vertriebene Pupsi Cola –: da braucht es kaum mehr die rühmenswerte Leistung, da genügt es, den Medien den wohlgeformten Hintern hinzuhalten. Oder als scheinbar natürliches Quellwasser, das doch heillos durchmischt ist von all den Schwermetallen, Pestiziden und unguten Ausfällungen, die in unseren Tagen auch das abgelegenste und ursprünglichste Gewässer in Mitleidenschaft ziehen. Berühmtwerdenwollen – das war gerade noch entschuldbar. Da tat sich wenigstens noch was: der Griff zum Flaschenöffner, das Niederbeugen zur Quelle. Aber Berühmtsein?

1964 hatte der junge G einmal einen Nachmittag in Gesellschaft eines alten, berühmten Mannes verbracht. Erich Kästner besuchte die Pardon-Redaktion, als Treffpunkt hatte der Pardon-Verleger Bärmeier ein Café am Main ausgewählt. Die Berühmtheit des alten Mannes lastete schrecklich auf der Runde. Was der alles geleistet hatte! Wen der noch alles gekannt hatte! Niemand wagte es – wie sonst bei Redaktionssitzungen – von seiner laufenden Arbeit zu berichten. Alle hingen an den Lippen des Gastes. Doch die bewegten sich kaum. Nicht, daß er lieber zugehört hätte. Er schien sich für nichts mehr zu interessieren, auch nicht für seine eigenen Geschichten. Wie oft er die aber auch schon hatte erzählen müssen! Immer diese Geschichten von früher! Doch die von heute gaben nicht allzu viel her: Ich wache auf und bin berühmt, ich geh zu Bett und bin immer noch berühmt, dazwischen allerdings tut sich rein gar nichts . . . Dann schon lieber die von früher: Von irgendwelchen Carlton- oder Ritz- oder Kempinski-Bars, in denen sich Nacht für Nacht die Seiten füllten mit Gedichten, Prosa, Kinderbüchern, und an den Nachbartischen saßen Josef Roth, Kurt Tucholsky, Bert Brecht und Walter Benjamin und schrieben ebenfalls in fliegender Hast – wir waren schon ein verrückter Haufen! Keiner wußte, wovon er die Miete bezahlen sollte, doch wenn einer dann irgendsoeinem Geldsack einen Vorschuß abgeknöpft hatte, dann hieß es: Champagner für alle! Und auf den

Tischen tanzten derweil die Freundinnen, manchmal war es überhaupt nur eine, die ging aber dafür mit allen ins Bett, Mizzi, der Engel von Schwabylon, dessen Herz für jeden abgerissenen Dichter schlug, nur Talent mußte er haben, sie verschmähte die Großfürsten, die ihr zu Füßen lagen, und stand lieber für fünfzig Pfennige in der Stunde Modell, 50 Pfennig waren damals aber auch noch eine Menge Geld, da konnte man sich noch einen Beckmann für kaufen, heute kriegt man dafür nicht einmal einen Kirchner.

Natürlich hatte Kästner nichts dergleichen gesagt, und doch hatte er genau das gemeint. Unterschiedslos erzählen alle Berühmtheiten die gleiche Geschichte, die ihrer Jugend: »Stadttheater Bunzlau ... Ständiger Personalmangel ... Jeder spielte alles ... Einmal mußte ich wegen Erkrankung des gesamten Ensembles sämtliche Rollen im ›König Lear‹ übernehmen – da blieb kaum Zeit fürs Umziehen, das können Sie mir glauben ...«

»Hahaha. Glauben wir Ihnen gerne. Und Ihr nächstes Engagement war dann schon bei Max Reinhardt?«

»Nicht gleich. Erst kam noch diese Tournee mit Fritzi Massary ...«

»Ach ja – erzählen Sie uns von Fritzi Massary!«

»Gerne, das war so ...«

Dabei hatte Kästner nicht einmal gerne erzählt. Jedes Wort hatte man ihm abpressen müssen, damit das Schweigen nicht allzu drückend wurde. Damals war G das erste Mal bewußt geworden, daß der irrt, wer meint, der Lohn einsamer Erleuchtung – vor dem

Schreibpapier, vor dem Zeichenblatt – könne in irgendetwas anderem liegen als in ebendieser einsamen Erleuchtung. Mehr gab es nicht; jedenfalls nichts Besseres. Das nämlich war das wahre Eigentum des Einzigen, etwas, das ihm niemand nehmen konnte. Ruhm dagegen, jeglicher Ruhm, der, den eine gemeine Masse dem Berühmten zusprach, ebenso wie der, den die kleine Gemeinde verlieh, konnte welken, verdorren, wieder abgesprochen und ganz aberkannt werden: »Das ist aber nicht so berühmt.«

Hosianna und Kreuziget ihn – wie weise war doch, wer sich beidem entzog, wer von der obersten Stufe der berühmten Tucholskyschen Treppe aus – Reden, Schreiben, Schweigen – in vielsagender Stummheit auf das aufgeregte Streben derer blickte, die da noch zeitbedingt und weltverfallen um Plätze an der Sonne rauften. Beckett, der nicht zur Verleihung des Nobel-Preises erschienen war, Sartre, der ihn gar nicht erst angenommen hatte – das waren Helden nach Gs Geschmack, denen hätte er gerne nachgeeifert. Das Vertrackte war lediglich, daß einen Preis nur ablehnen kann, wer ihn zuvor gewonnen hat. Gerade das aber war G zeit seines Lebens nie widerfahren, selbst den Weihnachtsbuchpreis für den Klassenbesten, der doch ziemlich wahllos recht unterschiedlich talentierten Rabauken zugefallen war, hatte er nie erhalten. Trotzdem hätte er natürlich den Nobelpreis bereits prophylaktisch ablehnen und damit beide, Beckett wie Sartre, an edler Einfalt und stiller Größe ausstechen können: » . . . möchte ich Sie daher bitten, mich schon mal gar nicht in Erwägung zu ziehen. Hochachtungsvoll G.«

Aber würde die Welt die Größe dieses Schrittes überhaupt begreifen? Würde sie nicht lediglich gar nicht mal edle, sondern schlicht schlichte Einfalt am Werke sehen? Überlegungen dieser Art hatten G bisher daran gehindert, den Brief aufzusetzen, sieht man einmal davon ab, daß er einen solchen Unfug niemals auch nur im geringsten erwogen hatte, er war doch nicht blöd.

Obwohl der Denkansatz ganz so dumm ja nicht ist, macht er doch den tiefen Graben deutlich, der zwischen dem Berühmten und dem Nichtberühmten klafft: Quod licet Iovi . . .

Wie aber, wenn dieser Graben gar keiner wäre, auch kein tiefer, sondern ein Abgrund? Einer, der unüberbrückbar zwei Lebensbereiche scheidet? Was wissen die Nichtberühmten denn vom Leben der Berühmten? Nur das, was die Berühmten ihnen darüber mitteilen. Doch sagen die die Wahrheit? Mehr als zweifelhaft, zumal in diesen Breiten. Sagt denn bei uns der Reiche dem Armen die Wahrheit über das Reichsein? Der Mächtige dem Machtlosen? Der Glänzende dem Glanzlosen? In selbstgewisseren Zeiten hatten sie das getan, in verspäteten Kulturen tun sie es wohl noch heute. Hierzulande aber werden sie den Teufel tun. Nicht aus Takt- oder Mitgefühl. Seitdem nicht mehr dem je Einzelnen in einer gottgegebenen Hierarchie sein gottgewollter Platz zugewiesen ist, weiß jeder, der einen der besseren Plätze erwischt hat, daß ihm dieser abgesprochen oder streitig gemacht werden kann. Also empfehlen sich für den Umgang mit den unteren Rängen geschickte Camouflage, geheuchelte Demut, gezielte Unwahrheiten. Warum schlafende Hunde wecken? Im Kreise der Gleichreichen, Gleichmächtigen, Gleichglänzenden wird man sich dann wieder gehen lassen können: »Puh! Das hätten wir. Und jetzt Kaviaaar!«

Warum sollte da der Berühmte eine Ausnahme bilden? Ausgerechnet er, der doch am besten weiß, wie denen da unten zumute ist. Er, dem wie keinem anderen derer da oben bewußt ist, wie sehr sein Obensein durch die da unten konstituiert wird? Mancher kommt reich zur Welt, keiner berühmt – die Rede ist, wie erinnerlich, von Künstlern. Jeder junge Künstler hungert nach Ruhm. Heute mehr denn je weiß er aber auch um die Gefahr jeder Wunscherfüllung: das Sattsein. Das aber ist, zumindest nach landläufiger Meinung, das Ende des Künstlers. Also Hungrigbleiben. Aber wie? Eine Zeitlang mag das mancher schaffen, einige wenige Unersättliche gar bis zum Lebensende. Die Regel aber ist, daß der Abgefüllte sich eines Tages eingestehen muß, daß er voll ist. Was tun? Mit dem süßen Geheimnis hausieren gehen? Nichts da. Zwei Haltungen haben sich bewährt. Der Gesättigte wird fortfahren, den Hungrigen zu spielen. Ein finsteres Spiel, nicht jedermanns Sache. Oder er wird sich so oft und so laut es geht, seines Hungrigseins erinnern. Das ist der Normalfall. Und effektiv: zwei Fliegen mit einer Klappe. Fliege Nummer Eins: Wirklicher und erinnerter Hunger mischen sich im Kopfe des Zuhörers ununterscheidbar, bald wird er glauben, einen immer noch Hungrigen vor sich zu haben. Fliege Nummer Zwei: Der den Hunger Erinnernde ergaunert neben dem Respekt auch noch die Zuneigung der wirklich Hungrigen –: So berühmt und doch immer noch einer von uns.

Von denen da? Doch nicht von denen! Was hat er denn mit denen gemein? Grau und gedrückt vergehen deren Tage, der Tag des Berühmten aber ist ein einziges Fest:

Heller der Morgen, heißer die Dusche, gedeckter der Tisch. Süßer die Schokolade, schöner die Freundin, verstehender die Ehefrau. Gehaltvoller der Aufstrich, krachender das Brötchen, preisender die Zeitung. Erfreulicher die Anrufe, ehrerbietiger die Besucher, glanzvoller die Ausfahrt. Grüner die Allee, jubelnder die Menge, geflaggter der Palast. Gefüllter der Saal, dotierter der Preis, feiernder die Preisrede. Herrlicher das Bankett, erlesener die Weine, geistreicher die Trinksprüche. Bewegter der Abschied, erwarteter die Heimkehr, himmlischer die Ruhe. Verschatteter das Arbeitszimmer, aufgeräumter der Schreibtisch, bedrängender die Eingebungen. Rascher die Feder, funkelnder die Wortwahl, gehäufter die Seiten. Milder der Abend. Dunkler die Bäume. Strahlender die Kerzen. Und die Gäste? Ausgesuchter. Und das Mahl? Ungezwungener. Und die Konversation? Ergiebiger. Und die Bitten? Dringlicher. Und die Lesung? Feuriger. Und der Zuspruch? Nachhaltiger. Und die

Gesprächspartner? Verständiger. Und die verglimmenden Lichter. Und der heraufziehende Mond. Und die lange, lange Nacht . . . Doch wie reden wir denn?

Wirr. So als ob nicht jeder Erfolg zu mager ausfiele, jede Anerkennung zu spärlich wäre, jeder Ruhm zu spät käme. Einmal mit offener Hose durch Casablanca düsen – wer hätte sich das nicht gewünscht, als Fünfzehnjähriger. Doch was, wenn sich der Traum dem reifen Manne erfüllt? Dann klemmt die Hose, dann ist Casablanca auch nur eine Hafenstadt, dann hat man das Durchdüsen dort gerade verboten. Und doch: Was läßt uns die Fron vor dem leeren Papier ertragen, wenn nicht die Hoffnung, dafür einmal mit offener Hose durch Casablanca düsen zu dürfen?

»Immer wenn die Silhouette einer schönen Frau verschwindet, fragt er sich, welch böser Zauber ihn an diesen Schreibtisch bindet« – als ob ihn irgendjemand an irgendetwas bände! Als ob er nicht endlich alt genug wäre, dem Leben ins tatsachengerötete Gesicht zu sehen! Hatten nicht freundliche Fremde und befremdete Freunde ihm diese Tatsachen mehr als einmal vorgehalten?

». . . ich habe mich gefreut über Ihren Brief und würde Ihnen zum Dank gern Trost spenden, so in der Art: warten Sie nur, die Nachwelt . . . Aber auf die ist wenig Verlaß und wird immer weniger Verlaß bleiben, denn mit der Zunahme der ›Produktion‹ wird auch die Menge des Aussortierten wachsen, und da nicht nur die Maßstäbe, sondern auch schon die Übersicht immer mehr abhanden kommen, wird immer mehr durch bloßen Zufall in den Sperrmüll geraten« – so der freundliche Fremde.

». . . des Leben is net Ruhm, du. Du mußt dich den Ansprüchen verweigern, sonst bist verloren. Dann brauchst wirklich eine Flasche Baccardi-Rum am Tag und mußt drei Filme im Jahr machen. Rettung liegt nur in der Idylle, du. Die Idylle ist der Abbau von Außenreizen –: Philemon und Baucis . . . Mit der Dorle im Bett Marzipan essen« – so der befremdete Freund.

Ah, wieviel erfahrener die Worte des freundlichen Fremden G anmuteten, verglich er sie mit der ersten Tagebucheintragung des damals 22jährigen Friedrich Hebbel: »23. 3. 1835. Ich fange dieses Heft nicht allein meinem zukünftigen Biographen zu Gefallen an, obwohl ich bei meinen Aussichten auf die Unsterblichkeit gewiß sein kann, daß ich einen erhalten werde . . .« (Das Irritierende war nur, daß Hebbel in der Tat einen erhalten hatte.)

Ah, wieviel hilfreicher G der Rat des befremdeten Freundes vorkam, hielt er eine der letzten Tagebucheintragungen des mittlerweile 50jährigen und schon todkranken Hebbel dagegen: »Wenn irgendeine Generation des menschlichen Geschlechts nur könnte, wie rasch würde sie die irdische Unsterblichkeit für sich in Anspruch nehmen; unbekümmert um die großen Genies, die noch geboren werden, unbekümmert um die, die wieder auferstehen könnten.« (Das Bedenkliche war lediglich, daß Hebbel selber nun eins dieser Genies war, die wieder auferstehen konnten – oder war er bereits wiederauferstanden?)

Ah, wie gerne G den Einsichten des freundlichen Fremden und dem Rat des befremdeten Freundes gefolgt wäre, hätte er nur die Kraft besessen, seinen Blick vom aufreizenden Schein der Frau Welt zu reißen, um ihn endgültig auf ihr wahres Sein zu richten, auf all das Gewürm, das ihr scheinbar so blühendes Fleisch so unablässig durchfraß. Hätte er nur den Mut aufgebracht, den Schleier der Maja zu lüften, und dem vernichtenden Anblick der vollständigen Unerheblichkeit allen Planens und Vollendens standzuhalten. Hätte er nur den Verdacht ein für alle Mal aus seinem Herzen reißen können, daß er mal wieder der Dumme sein sollte, ein Opfer all der planmäßig verbreiteten Lügen von betuchten Stoikern, machtgeilen Kirchenvätern, feisten Superintendenten, erfolgshungrigen Poeten und karrieredurstigen Philosophen.

Das war doch alles eine Soße! »Bewahre meinen Geist, wenn er zur Welt sich neigt« – Aemilie Juliane Reichsgräfin von Schwarzburg-Rudolstadt in einem ihrer Choräle, den G noch aus Anlaß seiner Konfirmation hatte auswendig lernen müssen.

»Entweder Mönch oder Verbrecher« – Benn an Oelze, immer wieder, eine fast beschwörende Litanei, die sich über Jahre durch seine Briefe zieht. Freilich nur solange die Welt so verbrecherisch ist, ihn abzulehnen, zuerst als Kulturbolschewisten dann als Nazimitläufer. Also Mönch sein – und als Mönche verstanden sich beide, Mönch Oelze und Mönch Benn, von Mönch zu Mönch verständigten sie sich denn auch; hoch über der profanen Menge tauschten zwei

Einsame Ordensregeln aus, Gedanken, Gedichte und Kaffeepakete. G, der seit den Tagen seiner Karl-May-Lektüre nicht zuletzt deswegen las, um sein unbestimmtes Ich in klarumrissenen Identifikationsfiguren wiederzufinden, der jede Hand gerne ergriff, die ihm kräftig genug schien, ihn aus dem Morast des platten Alltags in eine höhere Welt kristalliner Ordnungen zu ziehen, G also, der sich beim Lesen des Benn-Oelze-Briefwechsels bereits in den sympathetisch mitpsalmodierenden Mönch Meier verwandelt hatte, war, wie auch Mönch Oelze, völlig von der Rolle, als er mitlesen mußte, wie sich Mönch Benn im Verlaufe eines Jahrzehnts als ein durchaus weltgewandter, auch weltzugewandter Herr entpuppte. Der 2. 5. 1946, Benns sechzigster Geburtstag, verläuft noch äußerst klösterlich: »Essen mit dem Dienstmädchen, die mich ins Gespräch zog über ihr neues Kostüm, das am Rücken noch nicht säße . . . Von der Literatur oder sogenannten Geisteswelt bekam ich natürlich keinerlei Glückwunsch zu meinem Jahrestag . . . Wenn ein paar Verse von einem noch ein paar Jahre übrigbleiben, ist das schon enorm, auch an einen Kunstbesitz oder Kunstgedächtnis dieses Volkes kann man kaum noch glauben, – will vielleicht auch gar nicht mehr dazu gehören, Ringelnatz u. Morgenstern u. Busch sind wohl die Höhen seiner metaphysischen Reichweite u. die Leckerbissen seines artistischen Appetits . . .«

Gedämpft ist die Stimmung auch am 15. 12. 1948: »Etwas besorgt bin ich, daß Sie so sehr mit einem

Erfolg der Sachen rechnen ... Ich rechne nicht damit. Es wird bestimmt einige Kontroversen geben, Ärger, Pöbeleien ..., aber in diesem Deutschland kann es nicht viel Ruhm geben ...«

Gibt es aber offensichtlich doch, zumindest gibt es Beachtung, 19. 1. 1949: »Im ›Merkur‹, der noch in diesem Monat herauskommt, erscheint ... eine Besprechung der 3 AM (Drei alte Männer) aus der Feder von Max Bense ... Von Maraun erschien im ›Schwäbischen Tageblatt‹ ein ganz wunderbarer Aufsatz über den Gedichtband ...«

Es gibt allerdings keinen Nobelpreis, 22. 2. 1949: »Nobelpreis. Bitte keine Witze! Ich weiß, wo ich hingehöre u. wo nicht. Bis aufs Letzte werde ich meine Fragwürdigkeit verteidigen u. immer von Neuem unter Beweis stellen.«

Es gibt jedoch hervorragende Kritiken, 28. 2. 1949: »Dies (eine Kritik von Friedrich Sieburg) ist die erhabenste Kritik, die je über mich erschienen ist –, eigentlich müßte man umfallen und sterben.«

Und es gibt Orden und Gepränge, 16. 12. 1952: »Der hiesige Kultursenator rief mich gestern an und teilte mir mit, der Herr Bundespräsident habe mir das Verdienstkreuz verliehen ... Also, was tun? Ablehnen wäre Angeberei, also nehme ich es hin ... Am 24/25 III 1953 ist in Genf die Sitzung der Internationalen Jury, wo ich Mitglied bin für Deutschland ...«

Es gibt überhaupt alle Hände voll zu tun, 26. 1. 1954: »Ich bin betrübt, daß Sie ›befremdet‹ sind, wenn ich mal Zeitungen auf ihre Anfragen antworte, es geht ja nicht anders, wenn es sich um Zeitungen handelt, die sich ernstlich um einen bemühen u. oft auf einen hinweisen ...«

G war Oelzes Befremden bereits beim Lesen dieser einigermaßen windelweichen Zeilen verständlich gewesen – hat es ein Mönch nötig, daß auf ihn hingewiesen wird, leisten ein Marc Aurel, ein Diogenes Gefälligkeitsdienste? »Als Ganzes wahrscheinlich nicht weit ab von Diogenes u. Marc Aurel« – so hatte sich Benn noch 1946 gesehen, sieben Jahre später sah ihn unser schon mehr als befremdeter Mönch Meier in äußerst profaner Gesellschaft. Welch ein Leben in der Tonne! Glaubte man den Erläuterungen des Briefbandes, dann hatte Benn in einer Saison auf gleich drei Weihnachtsumfragen deutscher Tageszeitungen geantwortet: »Meine stärksten Eindrücke« – Eine Weihnachtsumfrage der Neuen Zeitung, »Worauf können wir hoffen?« – Eine Umfrage der Frankfurter Allgemeinen Zeitung, »Wunschzettel deutscher Dichter, Weihnachtsumfrage – ganz persönlich«, Welt am Sonntag – mußte sich ein Mönch in diese Mischpoke mengen? Hatte er nicht dem Gegenglück, dem Geist, zu dienen? Doch selbst, wenn er es tat – 3. 7. 1954: »Ich lernte Herrn Adorno kennen ... ein sehr intelligenter, wenig gut aussehender, Jude ... Wir flogen sozusagen aufeinander ...« – dann nicht ohne Nebenabsichten: »Nun hätte ich die Sache doch nicht gemacht, wenn ich nicht eine Kombination getroffen hätte: nämlich ein Rendezvous mit jener 26jährigen jungen Dame aus Köln, die die großartige Doktorarbeit über meine

Lyrik gemacht hatte, 250 Seiten, eine frappante Arbeit . . .«

Und am 2. 5. 1956 gibt es denn auch einen 70sten Geburtstag mit allen Schikanen: »Leider haben wir das Programm insofern ändern müssen, als das geplante Souper ins Wasser fällt, da der Senat von Berlin im Verein mit der Akademie . . . mir um 8 h eine Feier gibt mit Musik u. Vortrag von Holthusen u. Recitationen von einem Schauspieler in der Amerikan. Gedenkbibliothek.«

Wie weit die Küchenfeier von 1946 scheint. Da war ein Traum wahr geworden, kein Zweifel. Doch welcher? Ein Albtraum? Ein Wunschtraum? Benns Traum? Oder der seines Astrologen? –: »War 1945 mein Patient. Sagte mir damals: noch 2-3 Jahre Depression, dann ein Aufstieg ohne Gleichen.«

Aufstieg – also war die Scheidung in ein Unten und ein Oben doch kein leerer Wahn, also lohnte es sich doch, den Gipfel in Angriff zu nehmen – wer will schon Unten bleiben, wenn es ein Oben gibt? Nur: Wie kommt man da rauf?

»Daß ein Goethe, ein Shakespeare nicht einen Augenblick in dieser ungeheuren Leidenschaft und Höhe zu atmen wissen würden, daß Dante gegen Zarathustra gehalten . . .« – Friedrich Nietzsche über seinen Zarathustra. Drehte der, der so sprach, mächtig auf? Oder bereits völlig durch? War das fröhliche Gewißheit und selbstsicherer Vorgriff auf kommenden Ruhm oder bereits sein Preis: Höhenrausch, Größenwahn, der Anfang vom Ende? Aber apropos Preis – hatten wir nicht soeben noch behauptet, der wahre Ruhm beginne da, wo die Werke der Berühmten endgültig den Schmutz der marktbedingten Preise von den Schuhen streiften, um in die Halle der ewigen Werte einzutreten?

Nein, das war weiter vorne. Nun aber ist ein ganz anderer Preis angesagt, immer wieder entrichtet und dennoch nicht in Gold aufzuwiegen. Man zahlt – darin sind sich zumindest die Berühmten einig – mit dem Leben: »Man büßt es teuer, unsterblich zu sein, man stirbt dafür mehrere Male bei Lebzeiten« – Friedrich Nietzsche über Friedrich Nietzsche.

»Kleines Abschiedslied an eine der seltsamsten und gefährlichsten Affairen meines Lebens. Die Frau aus der ›Blauen Stunde‹ ... War hingerissen und litt ... Sie müssen mich verachten, aber lieber Herr Oelze, so ist das Leben, wenn man es ernst nimmt. Das sind die Zahlungen für Kunst und Ruhm. Jetzt ist es Gottseidank zu Ende, dem Hades entstiegen, wieder einmal den Styx durchschwommen – mit 65 Jahren – aber was hat man eigentlich sonst?« Gottfried Benn über Gottfried Benn.

»Mich wundert, wie anständige Leute über eine Strafanstaltspersönlichkeit, wie Oscar Wilde eine gewesen ist, prunkvolle Aufsätze, ja Bücher zu schreiben imstande sein können. Dies begründet sich aber mühelos so: Das Schicksalhafte ist es, das einen Dichter in die Unvergeßlichkeit hebt, ihn zu einer immer jungen, grünenden Erscheinung macht. Dichter wie Oscar Wilde fangen erst nach ihrem Ableben eigentlich an zu wirken, zu leben« – Robert Walser, um 1929, über Oscar Wilde.

»Wie denken Sie über Oscar Wilde: War es begreiflich, daß er den Process anstrengte? Nein, es war völlig unbegreiflich, seine Intelligenz wußte, daß er verlieren würde. Aber, frage ich, können Sie sich diese Figur ohne dies Ende denken? Nein, Sie können es nicht! Sein Gesicht, sein Mysterium wäre leer und leichtsinnig ohne dies Ende« – Gottfried Benn 1949 zum gleichen Thema. Eine Klage, die sich beliebig fortsetzen ließe: Umsonst ist nur der Tod, und der kostet das Leben. Die Berühmten aber hatten zusätzlich noch ihre Existenz aufs Spiel zu setzen, die herausragende Leistung wurde erst dadurch beglaubigt, daß sie mit Ruin, Irrsinn, Selbstmord usw. erkauft wurde: »eine Kerze, die an zwei Enden brennt«. Ja, es gab Schicksale, die als schieres Schicksal derart den Nerv kollektiver Phantasien getroffen zu haben schienen, daß sie auf das zu Beglaubigende, das Werk also, verzichten konnten. Mit Unglauben erst, dann aber mit zustimmendem Begreifen hatte G zur Kenntnis genommen, daß es der arme Kaspar Hauser zu einer der reichhaltigsten Bibliographien unserer Zeit gebracht hatte, nach Jesus, Napoleon, Mozart, Wagner und Kafka – über die Reihenfolge stritt man sich, auch über weitere Plazierungen – besetzte er auf jeden Fall einen guten Platz unter den ersten Zehn. Doch was hatte ihn so hoch getragen?

Längst beantwortete Fragen: »Es hat sich nämlich herausgestellt, daß der Ruhm und später die Geniebildung eigentlich niemals unmittelbar an die Leistung anknüpft, sondern immer an etwas Akzidentielles, an das Schicksalhafte der Figur, das Äußere und das Innere« – spätestens seit der durch Benn provozierten Lektüre von Lange-Eichbaums »Genie, Irrsinn, Ruhm« wußte G natürlich, daß das Genie in zwei Teile zerfällt, den bionegativen –: Genies treten gehäuft in degenerierenden Talentfamilien auf – und den soziologischen –: Die Gesellschaft modelt sich die Genies, wie sie sie braucht. Doch wieso brauchte sie derart viele? Immer neue und immer unglücklichere? Während es G schien, als habe die kritische Öffentlichkeit früherer Jahrhunderte ihren Künstlern noch zu einer gewissen Mäßigung geraten, die Maßlosen aber, die Brentano, Kleist, Hölderlin, Grabbe, mit nachhaltiger Nichtbeachtung gestraft, so glaubte er sich heute beim Lesen der Feuilletons in jene Menge versetzt, die dem Vernehmen nach das Schwanken der Unglücklichen auf Hochhausdächern auch noch mit anfeuernden Rufen begleitet: »Spring doch, spring doch!«

Unerbittlichster Ernst, äußerste Konsequenz und poetischste Rigorosität wurden den Rezipierten offenbar um so mehr abverlangt, je windiger, inkonsequenter und prosaischer es in den Redaktionsstuben und Haushalten der Rezipierenden zuging, nachher aber, nach dem Sprung, zerstreuten sich die Anfeuernden betreten: So war das ja nun auch wieder nicht gemeint gewesen. Oder doch?

»Fassen wir zusammen: die schöpferischen, die vulkanischen Gehirne, sagen wir: die Genialen« – so hatte

1930 Gottfried Benn das zusammengefaßt, was der Schüler G 1955 mit lustvollem Schauder und unbestimmter Hoffnung lesen sollte: »Manche steigen hoch, manche ergreift die Stunde, manche werden Genies, viele bleiben unten wie nie geschehen. Es drängt sich dies Bild auf: hier die Vagabunden, die Alkoholiker, die Armenhäusler, die Henkelohren, die Huster, die kranke Horde und dort die Westminsterabtei, Pantheon und Walhalla, wo ihre Büsten stehen ... Das Pantheon gebaut, die Büste geformt, nicht aus Dank für Leistungen, wer sollte denn danken ... vielmehr aus Hang der Gruppe nach Entartung und Verfall, betont in Anbetracht des Genußwertes, den dem Normalen die Bacchen verschaffen, die in ihren Ketten tanzen ...«

War das wirklich der Preis?

»Mit der Dorle im Bett Marzipan essen.«

War das wirklich die Rettung?

Ruhm oder Nichtruhm – war das wirklich die Frage? Hatten wir denn nicht gleich zu Anfang und ganz nachdrücklich versprochen, die leeren Worte und die inhaltslosen Fragen zu meiden? Uns stattdessen strikt auf erfahrungsgesättigte Fragwürdigkeiten zu beschränken?

Hatten wir. Na und? »Etwas versprechen und etwas halten ist ganz einfach zuviel für einen einzigen Menschen« – blieb es auch beim Versuch, so ist der Wille dennoch zu loben. Nachher ist man immer klüger. Auch wir, die wir nun rekapitulierend erkennen müssen, wie eindringlich, wenn auch ungewollt, die peinigend gewundene Struktur unserer Überlegungen der Bewegung dessen entspricht, der sich vor Peinlichkeit windet, bis er sich endlich einen Ruck gibt und, die Tür aufreißend, ins Freie flieht: Luft! Luft!

Oder irren wir? Bildet das so hartnäckige Kreisen des Textes lediglich die Anstrengung desjenigen nach, der mit aller Kraft gegen den Mahlstrom rudert, bis er, am Ende seiner Kräfte, die Ruder hochstellt: Seis drum! – ?

Verfrühte Fragen. Denn noch ist es nicht so weit. Noch finden wir G in die Lektüre letzter Notizen vertieft: Daß all das, Berühmtwerden und Ruhm, auf Erinnertwerden und Erinnerung hinausläuft, und daß er sich beim Abfassen der Seiten nicht einmal der Aufzeichnungen vom Vortage erinnern konnte, da stets eine der beiden Katzen erinnerungslos und zukunftsbar in feister Gegenwärtigkeit auf dem Stapel der bisher beschriebenen Seiten lag, um sich von der Schreibtischlampe wärmen zu lassen. Daß er daher immer wieder aufs Geratewohl weiterschreiben mußte, da er es nicht übers Herz brachte, ihr breites Gelagertsein zu stören, ihr verantwortungsloses Sichräkeln, ihr selbstzufriedenes Schnurren: »Den Blick auf den grauer werdenden Himmel gerichtet, im Ohr das Geräusch des gleichmäßig fallenden Regens, die Hand auf dem von der Lampe erwärmten Bauchfell der Katze schließe ich diese schwankenden Betrachtungen . . .«

Ach, lassen wir die drei doch allein, die Katze, G und seine gewundene Etüde, die den Keim des Scheiterns von Anbeginn in sich trug. Die nie ein Baum der Erkenntnis werden kann, die entweder dies sein wird, dereinst: eine lianenhaft wuchernde Anekdote, oder aber, und das erscheint uns wahrscheinlicher, bereits jetzt am Halm verdorrtes Gewächs ist, dem Vergessen überantwortet wo, wer weiß, im Blätterwalde –: nutzloses Pflänzchen, machtloses Flämmchen und dahinter das Aufdringliche mit seinem bodenlosen: Muß man Sie kennen?

ROBERT GERNHARDT geboren 13.12.1937 in Reval/Estland; studierte Malerei und Germanistik in Stuttgart und Berlin; lebt seit 1964 in Frankfurt. Bücher im Haffmans Verlag: *Ich Ich Ich* (Roman, 1982) – *Gernhardts Erzählungen* (Bildergeschichten, 1983) – *Katzenpost* (Kinderbuch, zusammen mit Almut Gernhardt, 1983) – *Letzte Ölung* (Ausgesuchte Satiren 1962–1984, 1984) – *Was bleibt* (Gedanken zur deutschsprachigen Literatur unserer Zeit, 1985) – *Hier spricht der Dichter* (Bildgedichte, 1985) – *Schnuffis Sämtliche Abenteuer* (Bildergeschichten, 1986) – *Die Toscana-Therapie* (Schauspiel, 1986) – *Kippfigur* (Erzählungen, 1986). Mitarbeit an Zeitschriften und Magazinen: ›Titanic‹ – ›Zeitmagazin‹ – ›Der Rabe‹.

In GLÜCK GLANZ RUHM geht Robert Gernhardt den Eckpfeilern des Überbaus auf den Grund, stellt er brennende Fragen auf der Suche nach der nackten Wahrheit: GLÜCK oder Wer hat eigentlich das Gewäsch von der Folgenlosigkeit der Literatur verzapft? GLANZ oder Was soll eigentlich der Scheiß von Beuys? RUHM oder Wie kommt es zur unio mystica von Kohle und Gloriole?

»Gernhardt ist dem ›heillosen Gemisch aus geronnenem Herzblut und gebundenem Ladenpreis‹ gnadenlos auf der Spur. Er kartographiert – Kunst hin, Literatur her – die ›Grauzonen der Peinlichkeit‹; das reicht von Beuys bis Benn, von Kaprow bis Kishon, von Warhol bis Walser. Wie erkennt er doch so treffend: ›Keine Sau will mehr rühmen, jedes noch so dumme Schwein möchte berühmt werden.‹« *Michael Becker/Nürnberger Nachrichten*

»Was es mit dem Ruhm der Dichter in Wahrheit auf sich hat – darüber sind wir selten so geistreich und so unterhaltsam, so detailliert und zugleich so kurzweilig ins Bild gesetzt worden. Erzählung und Essay, Causerie und literarische Kritik in einem – ein poetisches Feuilleton, schlitzohrig, schlagfertig und erfrischend respektlos.«

Franz Josef Görtz/Frankfurter Allgemeine Zeitung

»Gernhardt findet neue Antworten auf alte Fragen, indem er das Tiefe auf die Ebene des Trivialen heraufholt und im Trivialen so lange gräbt, bis es tief ist.«

Günther Fässler/Luzerner Neuste Nachrichten

»Diese Essays sind tiefschürfend und vor allem ungeheuer komisch. Was Robert Gernhardt anlangt, den muß man kennen.«

Ingrid Heinrich-Jost/Der Tagesspiegel